Inhalt

Zum Geleit

Taekwondo, die über 2000 Jahre alte koreanische Kampfkunst des waffenlosen Kampfes mit Schlägen und Tritten, ist in der Bundesrepublik Deutschland seit 1965 bekannt. Heute ist Taekwondo eine anerkannte olympische Disziplin und wird von der Deutschen Taekwondo Union (DTU) beim Deutschen Sportbund (DSB) vertreten. Der sportliche Kampfwettbewerb ist die sichtbare Seite dieser uralten Kampfkunst, jedoch nur für den interessierten Laien. In Wirklichkeit beinhaltet Taekwondo weit mehr als den Wettkampf, der nur eine von vielen Disziplinen innerhalb des Taekwondo ist.

Für den aktiven Taekwondoin besteht Taekwondo nicht nur aus Kampf, sondern auch aus den zahlreichen Sparringsarten, der Selbstverteidigung, dem Bruchtest, den Bewegungsformen und dem Hinführen zu einer Lebenseinstellung, die allgemeinhin als Do bezeichnet wird. Über Do (chinesisch – Tao) ist schon viel geschrieben und gesprochen worden. Tatsächlich kann dieser Begriff wohl nie ganz ausgelotet werden. Dennoch wollen wir hier versuchen, einige für Taekwondoin zugängliche Do-Inhalte zu erläutern.

Am Anfang steht die Steigerung der eigenen Leistungsfähigkeit durch regelmäßiges Üben. Dies schafft Selbstvertrauen, das durch den Trainer und die Art des Trainings zusätzlich unterstützt wird. Selbstvertrauen aber ist die Voraussetzung für die weitere Entwicklung innerhalb und außerhalb des Taekwondo. Taekwondo lehrt, Schwierigkeiten zu überwinden, Schwachen zu helfen, für das Gute und die Gerechtigkeit zu kämpfen, Selbstdisziplin zu üben, höflich zu sein und einander zu achten. Vor allem die anderen entgegengebrachte Achtung ermutigt zur eigenen Leistungssteigerung. Die im Training erworbene Achtung vor dem Trainer, den Trainingspartnern, ihrer Gesundheit und Persönlichkeit wird mit ebensolcher Selbstverständlichkeit auch Gegnern entgegengebracht. Die Verbeugung, der Gruß des Taekwondoin, ist nicht allein Höflichkeit, sondern in erster Linie Ausdruck tiefempfundener Achtung für sein Gegenüber.

Taekwondo-Poomse, denen das Buch gewidmet ist, sind für die Übenden eine große Hilfe zur Verwirklichung von Do. Nach einer aktiven Kämpferlaufbahn widmen sich viele diesen Bewegungsformen, um weiterhin Taekwondo betreiben zu können. Bei den meisten anderen Kampfsportarten hört man an dieser Stelle einfach mit dem Training auf. Daß der Taekwondoin weiter übt, zeigt eine weitere Wesensart des Taekwondo: Nicht einfach aufhören oder aufgeben, sondern weitermachen und um weitere Vervollkommnung kämpfen. Zusätzlich haben Poomse den Vorteil, daß man sie auch völlig für sich allein ausüben kann.

Ein gemeinsames Ziel verbindet so die einzelnen für sich trainierenden Taekwondoin mit den anderen Mitgliedern ihres Vereins, des Landesverbandes, des Bundes, des Kontinental- und des Weltverbandes. Viele Punkte – dicht aneinandergereiht – ergeben eine Linie, die sich zu einem wiederkehrenden Kreislauf schließt: einem Kreis – dem Symbol des Lebens und des Taekwondo. Die Gemeinschaft der Taekwondoin verhält sich wie die Menschheit schlechthin, die aus Einzelpersonen, Familien, Volksgruppen, Nationen und Rassen besteht, die in ihrer Gesamtheit den Kreis des Menschengeschlechtes schließen.

Konstantin Gil

Konstantin Gil hat mit seinen beiden beim Falken-Verlag erschienenen Lehrbüchern (1972 und 1978) Pionierarbeit für die deutschsprachige Taekwondo-Literatur geleistet. Gil wurde 1946 in Kowno/Litauen geboren und kam 1959 in die Bundesrepublik. Er lernte Maschinenschlosser, bildete sich weiter und ist heute Chef vom Dienst von TAEKWONDO AKTUELL, der offiziellen Fachzeitschrift der Deutschen Taekwondo Union (DTU).

Mit Taekwondo fing Konstantin Gil 1967 an. Seine Lehrer waren Moon Yang-Keun und Kwon Jae-Hwa. Er schlug zunächst die Kämpfer-Laufbahn ein, wurde 1970 beim Deutschen Verband für waffenlose Selbstverteidigung Deutscher Vizemeister und 1977 beim DJB Dritter der Internationalen Deutschen Meisterschaft. 1972 war er mit seiner Mannschaft Vizemeister und 1973 Deutscher Meister. 1976 errang er bei einem deutsch-amerikanischen Turnier den ersten Platz bei den Poomse-Meisterschaften, war 1984 und 1985 Rheinland-Pfälzischer und 1987 Deutscher Poomse-Meister. Seine Prüfung zum 5. Dan legte er 1987 ab.

Kim Chul-Hwan

Der vielfache koreanische Meister und Weltmeister von 1973, Kim Chul-Hwan, wurde 1953 in Korea geboren. Nach dem Abitur besuchte er die Technische Hochschule in Seoul, wo er 1975 als Maschinenbau-Techniker abschloß.

Seine sportliche Laufbahn begann Kim Chul-Hwan im Alter von neun Jahren 1962. Beim Gewinn des Mannschafts-Weltmeister-Titels 1973 bei der ersten Taekwondo-Weltmeisterschaft war er bereits ein berühmter Kämpfer. Nach seiner ersten Erringung der Asienmeisterschaft 1974 wurde er in Korea zum Sportler des Jahres gewählt. Insgesamt errang er 24 koreanische Titel. Sein letzter großer Erfolg war der Meistertitel bei den Pre World Games 1978. Danach beendete er seine Wettkampflaufbahn.

Im Dezember 1978 kam er in die Bundesrepublik und führte in ganz Niedersachsen die neuen Poomse ein. In Aachen und Umgebung gründete er ab 1980 sechs Vereine, die alle den Namen „Hankook" (Korea) tragen und der Deutschen Taekwondo Union (DTU) angeschlossen sind. 1986 bekam Kim Chul-Hwan von der World Taekwondo Federation (WTF) den 7. Dan zugesprochen.

Die Bewegungsformen

Bewegungsformen, genannt *Poomse*, werden von vielen als notwendiges Übel zum Bestehen einer Prüfung angesehen. Dabei machen weder die praxisorientierten Wettkämpfer noch viele der Taekwondoin, die Taekwondo als Kampfkunst, Freizeit- oder Breitensport betreiben, eine Ausnahme. Sie lehnen die Formen ab, weil ihnen oft der Sinn für manche *Poomse*-Bewegungsabläufe fehlt. Aus dieser Abneigung heraus versuchen sie meist nicht einmal, die bewußten Techniken selbst zu interpretieren, und geben sie dann entsprechend kommentarlos an ihre Schüler weiter. Unverstandene Bewegungen werden aber in vielen Fällen falsch ausgeführt; deshalb fallen vor allem viele Anwärter auf den 1. Dan bei ihrer Prüfung durch.

Im sportlichen Wettkampf sind viele der Poomse-Techniken nicht erlaubt. Manche Kampftechniken sind in *Poomse* nicht einmal enthalten. Sie haben sich erst herauskristallisiert, als die Formen bereits entstanden waren. Selbst die in den sechziger bis siebziger Jahren entwickelten *Taegŭk-Poomse*, nebst den Meisterformen, konnten die rasante Entwicklung im Wettkampf nicht auffangen. Viele Elemente dieser *Poomse* sind jedoch für die **Kampfkunst** Taekwondo nicht nur wichtig, sondern auch notwendig, da sie vor allem im Selbstverteidigungsbereich wirklichkeitsnahe Situationen in technische Handhabung umsetzen.

Um die Bedeutung der Bewegungsformen zu verstehen, muß man sich ins Bewußtsein rufen, weshalb sie überhaupt entstanden sind: Zunächst einmal wurden sie geschaffen, damit man die Techniken erlernen konnte. Außerdem waren sie sinnvolle Übungen, wobei man sich nicht dauernd verletzte, da weder eine Schutzkleidung noch der kontaktlose Kampf bekannt waren. Das ist auch der Grund, warum die verschiedensten Schulen dieselben Techniken kennen. Sie lehren diese jedoch in den unterschiedlichsten Formen. Diese alten Formen wurden teilweise schon vor Jahrhunderten festgelegt und enthalten keine neuen Elemente. Die Aufnahme neuer Elemente ist allerdings auch für die neu erstellten *Poomse* nicht vorgesehen, da hier bereits das Wesentliche berücksichtigt ist.

Das ist allerdings kein Grund, auf die starre Form der Poomse herabzuschauen. Sie vermitteln nicht einfach nur die Techniken, sondern vor allem das Gefühl für ihre Zusammengehörigkeit in einem Kampf. Und zwar in einem Kampf, der ausdrücklich auch zwei, drei oder mehr Gegner einschließt. Darüber hinaus sind Bewegungsformen, konzentriert mehrmals hintereinander ausgeführt, auch als eine Art Meditation nicht zu unterschätzen. Dazu ist allerdings eine absolute Sicherheit aller geforderten *Poomse*-Kriterien erforderlich. Diese kann man aber nur über das vollständige Verständnis der Techniken und ihre Zusammenhänge erreichen. Erst danach kann man eine Bewegungsform frei von überflüssigen Gedanken und Vorstellungen durchführen – was schließlich zur Meditation führt.

Erreicht ein „Formenläufer" diese Stufe, braucht er sich um Fehler keine Sorgen mehr zu machen. Eine Technik folgt ganz natürlich und in zwingend erscheinendem Ablauf der anderen. Es stimmt alles, nichts ist überflüssig, nichts fehlt, keine Technik ist zu langsam, zu schnell, zu stark oder zu schwach. Der Betrachter einer solchen Vorführung gewinnt den Eindruck äußerster Harmonie. Der Vorführende ist mit der Form eins geworden, dem Zustand, der von Anfang an auch beabsichtigt war.

Der Wettbewerb im Formenlaufen fördert diese Perfektion dabei ganz erheblich. Wer sich ernsthaft auf eine Poomse-Meisterschaft vorbereitet, übt unter verschärften Bedingungen öfter, ausdauernder und kritischer als sonst. Die seit 1982 auf Bundes- und Landesebene ausgetragenen Meisterschaften haben dies ganz deutlich gezeigt. Nach Beschluß der Mitgliederversammlung der Europäischen Taekwondo Union (ETU) 1986, finden ab 1988 Poomse-Meisterschaften auf europäischer Ebene statt.

Was bei Bewegungsformen zu beachten ist

Charyŏt, Kyŏngne – der Gruß

Der Gruß am Beginn und am Ende einer Poomse gilt nicht etwa, wie viele glauben, den Prüfern, den Punktrichtern oder den Zuschauern, sondern den imaginären Gegnern des Ausführenden, die ihn unsichtbar umgeben. Ihnen wird vor und nach der Ausführung der Bewegungsform Achtung und Respekt entgegengebracht.

Nach dem Kommando *„Charyŏt"* stellt sich der Ausführende mit geschlossenen Füßen in *Moa-sŏgi* in Richtung der Prüfer, der Punktrichter, der Landesfahne (sofern eine im Dojang hängt) oder nach Anweisung auf. In dieselbe Richtung grüßt er auch, und zwar nach dem Kommando *„Kyŏngne"*. Werden zur Vorführung keine Kommandos gegeben, grüßt die oder der Ausführende selbständig und ohne zu zögern.

Wenn nach Beendigung der Form die Kcmmandos *„Charyŏt, Kyŏngne"* erklingen, so bleibt der Poomse-Läufer nach dem Gruß in *Moa-sŏgi* stehen und wartet ab, bis er abtreten darf. Lautet das Kommando statt dessen *„Baro"*, kann der Ausführende nach dem Grüßen eine freie Stellung einnehmen – in der Regel *Pyŏnhi-sŏgi* mit auf dem Rükken verschränkten Armen –, bis er sich entfernen darf. Wenn keine Kommandos gegeben werden, verfährt man wie bei *„Baro"*.

1

2

Junbi, Sijak – der Beginn der Form

Konzentration ist von Anfang an die Hauptsache. Deshalb sollte man die *Junbi*-Stellung nach dem Kommando „*Junbi*" nicht zu schnell einnehmen, sondern eher gemessen, fast langsam, um sich voll auf die folgende Bewegungsform zu konzentrieren. Diese Phase gibt dem Ausführenden die nötige innere und äußere Ruhe.

Auch nur ein einziger störender Gedanke an Zuschauer, Prüfer oder Punktrichter kann zu Fehlern führen. Besonders bitter sind solche Fehler bei Dan-Prüfungen, wo nur eine Wiederholung erlaubt ist. Ein Abbruch der *Poomse* führt in vielen Fällen zu einer nicht bestandenen Prüfung.

Nach dem Kommando „*Sijak*" beginnt die Bewegungsform. Die erste Bewegung muß man, je nach der zu laufenden *Poomse*, schnell oder langsam, für den Betrachter aber auf jeden Fall überraschend ausführen. Kein behäbiges Ausholen zur ersten Technik, sondern eine Bewegungsexplosion ist hierbei erforderlich, wenn die erste Bewegung schnell ausgeführt werden soll. In einer einzigen fließenden Bewegung wird die erste Technik mit der dazugehörigen Ausholbewegung ausgeführt. Die langsame Anfangsbewegung gleicht im Grunde genommen dem Einnehmen der *Junbi*-Stellung, wobei das letzte Drittel der Bewegung meist kraftvoll ausgeführt wird: Eine Konzentrationsform, die andeutet, daß man diese Technik auch schnell ausführen könnte. Ein gelungener Beginn ist schon fast die Garantie für das Gelingen der *Poomse*.

3

4

Gŭman – des Ende der Form

Viele werden sich nun fragen, warum das Ende der Form eigentlich vor ihrem Inhalt besprochen wird. Dafür gibt es mehrere Gründe:
Der Startpunkt ist exakt auch der Zielpunkt einer Bewegungsform – ein Kreis wird geschlossen.
Die Konzentrationsphase am Ende und am Beginn der Poomse sind gleich – beide fallen sozusagen zusammen.
Die Endbewegung, die genau umgekehrt wie die Anfangsbewegung ausgeführt wird, kündigt bereits die nächste Form an.

Ist die letzte Technik ausgeführt, verharrt der Läufer oder die Läuferin darin zwei bis drei Sekunden bewegungslos, um das Ende des Kampfes anzudeuten (wenn ein Kampf vorbei ist, hat man keine Eile). Dann begibt sich der Ausführende mit der gleichen Geschwindigkeit, mit der er zuvor in die *Junbi*-Stellung gegangen ist, in die *Gŭman*-Stellung (Kommando dazu: „*Gŭman*"). Diese gleicht immer der *Junbi*-Stellung. Am Ende dieser Bewegung wird die Konzentrationsphase der gesamten Poomse beendet. Danach grüßt man, wobei man würdig und ohne Eile *Moa-sŏgi* einnimmt, an dieser Stelle jedoch ohne die vorher so notwendige Konzentration.

Der Formenlauf

Damit man die Bewegungsform optimal laufen kann, muß man sie zunächst gut verstehen. Das heißt, der Läufer muß erst verstehen lernen, was die einzelnen Bewegungen bedeuten, welche Angriffe er abwehrt und warum er gerade den einen oder den anderen Gegenangriff ausführt. Erst wenn ihm all dies bewußt ist, kann er seine Bewegungen automatisieren, und er kann „gedankenlos" üben. Dieses „gedankenlose" Üben setzt also voraus, daß man zuvor gedanklich einen realistischen Kampf ausarbeitet. Ist dies geschehen, kann man Geschwindigkeit, Atmung und Rhythmus bestimmen.
Das seelenlose Abspulen von Bewegungsformen, auch wenn sie technisch noch so einwandfrei sind, wirkt steril, da entweder jede Technik für sich ausgeführt wird und die Form dadurch abgehackt wirkt, oder weil die Techniken so schnell wie möglich hintereinander ausgeführt werden, ohne die notwendigen Stopps eines natürlichen Kampfes. Dies degradiert die Form zu einer reinen Parade von schnellstmöglich ausgeführten Techniken.
Hier wird auch der Bezug zwischen den *Poomse*-Aktionen und der Atmung sichtbar. Man atmet ohne hörbaren Schnaufens, wie es hier und da leider immer noch praktiziert wird. Eingeatmet wird zwischen zwei Techniken, sofern sie nicht eine direkt weiterführende Aktion darstellen. Ausgeatmet wird während der Ausführung einer Technik, wobei man bei Beendigung der Technik auch den Atem kurz anhält. Bei einer weiterführenden Aktion wird der Atemrest vollständig ausgestoßen. Erst dann darf man wieder einatmen.
Zur Atmung gehört auch der *Gihap*, der Kampfschrei. Das koreanische Wort *Gihap* bedeutet wörtlich Schrei. Dieser Schrei wird im Zusammenhang mit einer Bauchpressung laut und kurz ausgestoßen. Die Laut-

gebung ist dabei individuell verschieden, auf keinen Fall aber ruft man das Wort „*Gihap*".

Der *Gihap* dient der Konzentration aller geistigen und körperlichen Kraft auf einen Punkt. Im Kampf und bei der Selbstverteidigung erschreckt der Gihap den Gegner für Sekundenbruchteile, so daß man in diesem Moment einen gezielten Angriff mit einem Wirkungstreffer anbringen kann.
In den ersten sieben *Taegŭk* wird der *Gihap* nur einmal, und zwar mit der Schlußtechnik ausgeführt. In den restlichen zehn *Poomse* kommt der *Gihap* jeweils zweimal vor. Die *Gihaps* sind ebenso wie die Techniken zwingend festgelegt, und man muß sie in Verbindung mit den vorgeschriebenen Techniken ausstoßen. Wird ein *Gihap* nicht ausgeführt oder einer zuviel ausgestoßen, zählt dies als Fehler.
Wer sich vorstellen kann, wann welche Aktionen in einer Form notwendig werden, der sieht am ehesten die notwendigen kürzeren und längeren „Kampfpausen" ein. Eine Aktion gilt hierbei einem oder mehreren Gegnern und wird in bis zu drei Schritten oder Bewegungen durchgeführt. Am Ende einer solchen Aktion wird eine „Pause" von einer halben bis einer Sekunde notwendig. Sie dokumentiert das Ende dieser Kampfphase. Die Schritte innerhalb einer solchen Aktion ermöglichen Pausen nach einer gerade beendeten Technik von etwa zwei bis drei Zehntelsekunden, um eine Neuorientierung für das Weiterkämpfen anzudeuten. Die langsamen Konzentrationsphasen und Techniken innerhalb einer Poomse dauern vier bis sechs Sekunden. Sie dienen der weiteren Konzentration und der Sammlung vor den nächsten Techniken.

Der Gesamteindruck der Poomse

Aus den bisherigen Ausführungen haben wir gesehen, daß Bewegungsformen vor allem als Gesamtheit zu verstehen sind, aufgeteilt in Aktionen, die wiederum aus einer Aneinanderreihung von Einzeltechniken und Schritten bestehen. Wie wir wissen, sind die Techniken, Schritte und Wendungen in den Formen zwingend vorgeschrieben, das heißt, sie folgen einem vorher kreierten Plan, einem Kampfplan.
Dieser Kampfplan sieht vor, daß wir uns gegen einen oder mehrere Gegner wehren. Die Gegner greifen aus unterschiedlichen Richtungen an, und wir bewegen uns entsprechend. Diese Bewegungen werden mit der größtmöglichen Entfaltung an Kraft, Schnelligkeit und Genauigkeit gefordert – jedoch unter Berücksichtigung kürzerer oder längerer Stopps, die den Fluß und den Rhythmus der *Poomse* nicht stören dürfen, sondern ausschließlich dazu beitragen, daß sie rhythmisch und fließend wirkt.
An dieser Stelle beginnt die persönliche Note des Vorführenden, der der Form sozusagen „Leben" einhaucht. Er verändert die Form nicht, sondern er interpretiert sie – er paßt sie seiner Persönlichkeit an. Er versucht sie so auszuführen, wie er einen Kampf in diesem Rahmen selbst führen würde. Dadurch gewinnt die Form an Ausdruckskraft und Individualität. In diesem Zusammenhang kann gesagt werden, daß jede Poomse von jedem Taekwondoin aufgrund persönlicher Interpretation anders gelaufen werden kann. Diese persönliche Note macht schließlich den Gesamteindruck der *Poomse* aus.

Taegŭk-Poomse

Taegŭk ist der jüngste Zweig der unterschiedlichen *Poomse*-Richtungen, die seit jeher in Korea existiert haben. Je nach Schulrichtung wurden früher, teilweise jedoch auch noch heute, zum Teil sehr verschiedene *Poomse*-Kreationen bevorzugt. Bei der Gründung des Koreanischen Taekwondo Verbandes (KTA) kamen die Gründungsmitglieder dennoch überein, keine der Formen aus den neun beteiligten Richtungen zu bevorzugen, sondern im Interesse eines gemeinsamen Taekwondo und um den anderen *Poomse*-Richtungen entgegenzukommen ganz neue Formen zu kreieren. Ein Team koreanischer Großmeister wurde mit der Ausführung dieses Projekts beauftragt. Dieses Gremium schuf die *Palgwe-*, *Taegŭk-* und die restlichen neun *Meister-Poomse*, wobei die *Palgwe-Poomse* schon kurze Zeit später wieder verworfen wurden.

Als Diagramme für die neuen *Taegŭk-Poomse* wählte man die uralten ostasiatischen acht Zeichen der Macht, sogenannte Grundelemente des berühmten *I-Ging*, des Orakels dieses Weltteils. Dies ist im engen Zusammmenhang mit dem buddhistischen Glauben und mit der dadurch entstandenen Weltanschauung der Koreaner zu sehen. Es ist sicher kein Zufall, daß vier dieser Zeichen in der koreanischen Fahne verankert sind.

Da jedes dieser acht Zeichen der Macht einen Grundgedanken der ostasiatischen Philosophie beinhaltet, ist die Bedeutung einer jeden Bewegungsform dem jeweiligen Symbol zugeordnet. Zum Zeichen des unaufhörlichen Entstehens und Vergehens wurde für die neuen *Poomse* der Name *Taegŭk* gewählt, was frei übersetzt „Größe der Ewigkeit" heißt. Auch hier tritt das ostasiatische Denken in den Vordergrund: Jedes der *Taegŭk*-Symbole könnte am Anfang oder am Ende stehen, weshalb die *Taegŭk*-Poomse als formlos betrachtet werden und den Ursprung allen Seins symbolisieren. Dieser Punkt der ostasiatischen Philosophie ist für einen Abendländer, zumal einen Anfänger, nur schwer zu verstehen. Dennoch lohnt es sich bestimmt, darüber nachzudenken. Selbst ein nur teilweises Verstehen der gewollt entstandenen Symbolik bringt uns der ursprünglichen Taekwondo-Kampfkunst näher als die ausgeklügeltste Kampftechnik und -taktik.

Kardinalzahlen	**Ordnungszahlen**
1 - hana (han)	**1.** - il
2 - dul (du)	**2.** - i
3 - set (se)	**3.** - sam
4 - net	**4.** - sa
5 - dasŏt	**5.** - oh
6 - yŏsŏt	**6.** - yuk
7 - ilgob	**7.** - chil
8 - yŏdul	**8.** - pal
9 - ahŏb	**9.** - gu
10 - yol	**10.** - sib

Koreanische Fachausdrücke

An – von außen nach innen
An-chigi – Schlag nach innen
An-makki – Block nach innen
Ap – vorne, vorn
Ap-chagi – Vorwärtstritt
Ape – nach vorne
Ape-chigi – Schlag nach vorne
Ap-gubi – vorn gebeugt, lange Vorwärtsstellung
Ap-sŏgi – Vorwärtsstellung, Schrittstellung
Arae – Unterleib, unter dem Nabel
Arae-makki – Unterleibsblock, Tiefblock

Bakkat – von innen nach außen
Bakkat-makki – Block nach außen
Bakkat-palmok – Außen-Unterarm
Bandae – seitenverkehrt, das Gegenteil
Bandae-jirŭgi – seitenverkehrter Fauststoß
Baro – gleichseitig, zurück zur Ausgangsstellung
Baro-jirŭgi – gleichseitiger Fauststoß
Batangson – Handballen

Chagi – Tritt
Charyŏt – Kommando zur Achtungsstellung
Chigi – Schlag
Chirŭgi – Fingerspitzen-Stich

Dobok – Taekwondo-Anzug
Dojang – Taekwondo-Trainigsraum
Dollyo-chagi – Halbkreistritt, Drehtritt
Dŭng-jumŏk – Faustrücken
Dwit-gubi – Rückwärtsstellung

Gŭman – Kommando zur Beendigung der Übung oder des Kampfes
Gihap – konzentrierter kurzer Schrei

Hansonnal-makki – Block mit einer Handkante
Hogu – Schutzweste

Jang – Aufgabe, Abschnitt
Jebipum-sonnal-mokchigi – Schwalbenflugform-Handkantenschlag zum Hals
Jirŭgi – Fauststoß
Jumŏk – Faust
Junbi – Kommando zu Junbi-sŏgi
Junbi-sŏgi – Vorbereitungsstellung

Kŭp – Schülergrad
Kyŏk-pa – Bruchtest

Makki – Abwehr, Block
Me-jumŏk – Kleinfingerfaust, Faustboden
Moa-sŏgi – geschlossene Stellung
Momtong – der Rumpf zwischen Bauchnabel und Schlüsselbein
Momtong-jirŭgi – Fauststoß zum Körper
Momtong-makki – Körper-, Rumpfabwehr

Ŏlgul – Gesicht (mit Hals)
Ŏlgul-makki – Gesichtsblock

Pal – Arm

Palkup – Ellenbogen
Palmok – Unterarm
Poom – Kinder-Schwarzgurt (1.–3.)
Poomse – Bewegungsform
Pyŏnhi-sŏgi – Vorbereitungsstellung

Sabom – Lehrer, Meister
Sabom-nim – Lehrer, Meister ab 5. Dan
Sŏgi – Stellung
Son – Hand
Sonkŭt – Fingerspitzen
Sonnal – Handkante
Sonnal-chigi – Handkanten-Schlag
Sonnal-makki – Handkanten-Block

Ty – Gürtel

Yŏp – Seite, seitwärts
Yŏp-chagi – Seitwärtstritt

Phonetik der koreanischen Namen

ae = **ä** wie in M**ä**rchen
ŏ = offener Laut **zwischen a und o** wie im engl.: n**o**t
oo = **u**
ŭ = fast stimmloser Laut **zwischen u und e**
y = ein Laut **zwischen i und j**

Andere Vokale werden wie im Deutschen ausgesprochen.
ch = **tsch** wie in Deu**tsch**land
j = **dsch** wie in **Dsch**ungel
s = **ß** wie in da**ß** oder Fa**ß**
w = flüchtiges, mit für u geformten Lippen gesprochenes **w** wie im engl.: **w**ill

Erklärungen zu den Übungsbeschreibungen

Folgendes Muster wurde bei der Poomse-Beschreibung zugrunde gelegt:

Die **Zahl** über der Beschreibung bezeichnet die Bewegungsfolge.

Beschreibung: **a)** Tritte, Körper- und Beinbewegungen
b) Bezeichnung der Stellungen
c) Handtechniken

Die **Pfeile** ➤ zeigen den Ablauf der Bewegungen an.

Richtungen: **V** = vorn
H = hinten
L = links (1–3)
R = rechts (1–3)

Junbi = Anfangsstellung

Gŭman = Endstellung

Taegŭk-il-jang

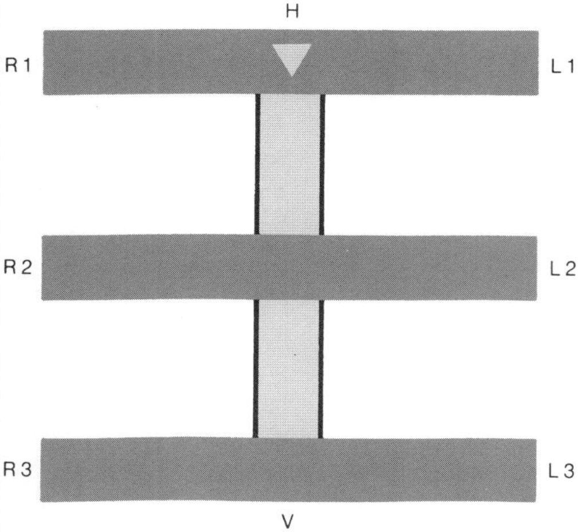

Das Symbol der drei durchgezogenen Linien bedeutet unter anderem Himmel, sichtbar und aktiv. Der Himmel spendet den Regen und das Licht der Sonne, damit alles wachsen und gedeihen kann. Er trägt die Luft zum Atmen, ohne die kein Leben möglich wäre. Durch seine befruchtende Wirkung regt er das Leben an.

Die Wahl dieses Symbols für *Taegŭk-il-jang* bedeutet also den Beginn, die Schöpfung. In *Taegŭk-il-jang* entsteht das Taekwondo des Übenden, der durch das Erlernen der ersten Grundelemente seine eigene Entwicklung einleitet. Eine Basis für die Entfaltung der persönlichen Fähigkeiten wird geschaffen.

Taegŭk-il-jang ist so ausgearbeitet, daß sie vom Anfänger gut verstanden und ausgeführt werden kann. Dabei wurde auf die Komplexität großen Wert gelegt, indem die wichtigsten Abwehrtechniken in allen drei Körperstufen und der Fauststoß die Hauptmerkmale bilden. Bemerkenswert sind die neue Verbindung zwischen der hohen und der tiefen Vorwärtsstellung und die beiden Vorwärtstritte bereits in der ersten Bewegungsform.

Techniken zu Taegŭk-il-jang

Pyŏnhi-sŏgi

Die Füße stehen schulterbreit voneinander entfernt, auf einer Linie mit den Schultern. Die Zehen zeigen leicht nach außen, und die Knie sind locker durchgedrückt. Der Oberkörper ist aufrecht, jedoch nicht soldatisch stramm.

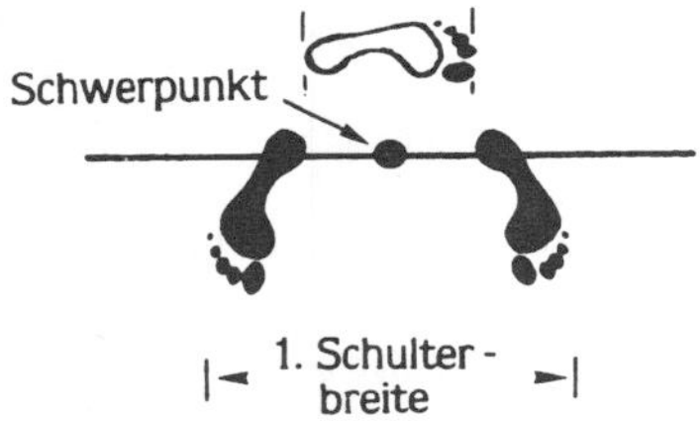

Gibon-junbi

Die *Gibon-junbi-Haltung* der Fäuste erreiche ich, indem ich zunächst die Fingerspitzen der Hände vor dem Körper mit leicht gebeugten Armen zusammenführe. Die Schultern sind dabei locker und nicht hochgezogen. Dann entferne ich die Hände eine Handbreit vom Körper und schließe sie zu Fäusten. Mit Gibon-junbi wird ein Kreis angedeutet, der bekanntlich ohne Anfang und Ende ist. Die eingangs erwähnte Bedeutung des Taegŭk wird dadurch unterstrichen und verstärkt.

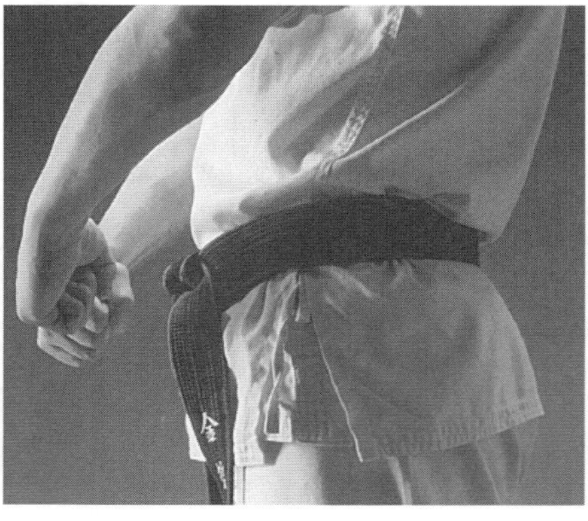

Ap-sŏgi

Ap-sŏgi bedeutet wörtlich Vorwärtsstellung. Sie entsteht aus einem normalen Gehschritt, der abrupt gestoppt wird. Dabei sind die Füße (an den Außenkanten gemessen) in höchstens Hüftbreite der ausführenden Person voneinander seitlich entfernt. *Ap-sŏgi* ist eine sehr flexible Stellung, die im Kampf oft eingenommen wird, weil sie viele Schrittkombinationen und Fußtechniken erlaubt.

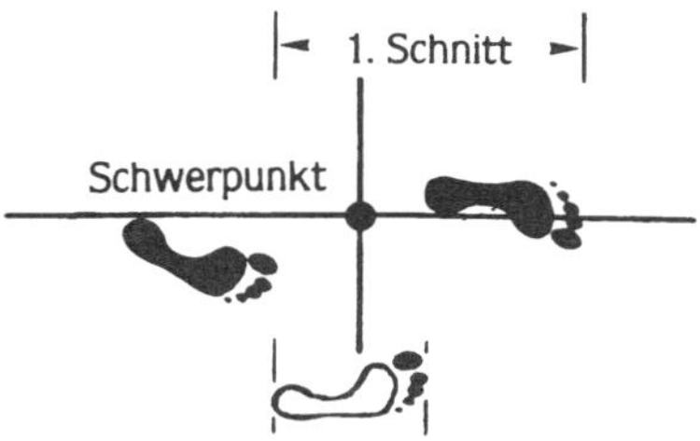

Ap-gubi

Die tiefe Vorwärtsstellung mit stark gebeugtem Knie, *Ap-gubi*, heißt wörtlich übersetzt „vorn gebeugt". Somit ist in dieser Stellung das vordere Knie gebeugt. *Ap-gubi* ist eine der wichtigsten Stellungen überhaupt. Sie ist seitlich zwar auch relativ stabil, vornehmlich aber nach hinten und nach vorne. Aus ihr können die meisten Arm- und Beintechniken erfolgen.

Die Fußstellung bei *Ap-gubi* ist von den Zehen des vorderen Fußes bis zur Ferse des hinteren etwa anderthalb Schulterbreiten lang und an den Fußkanten gemessen schulterbreit. Das vordere Knie ist stark gebeugt und befindet sich direkt über der darunterliegenden Ferse. Die Außenkante des vorderen Fußes ist genau nach vorne gerichtet.

Das hintere Bein ist ganz gestreckt und drückt die Hüfte auf seiner Seite nach vorne. Die Zehen des hinteren Fußes zeigen leicht auswärts.

Der Körper ist aufrecht und wird weder seitlich noch vor- oder zurückgeneigt. Das Körpergewicht liegt zu 60 Prozent auf dem vorderen und zu 40 Prozent auf dem hinteren Bein.

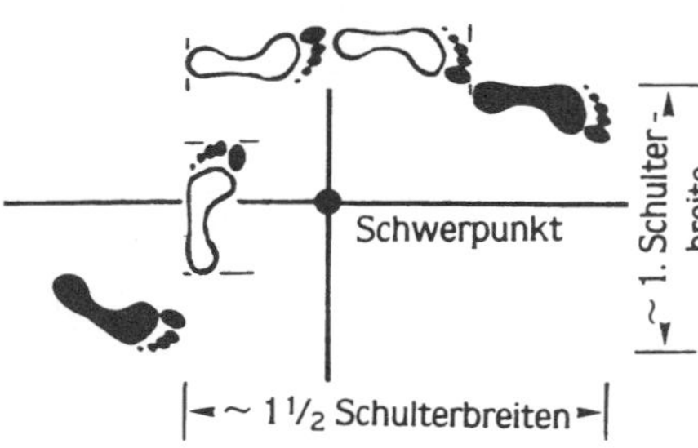

Arae-makki

Der Unterleibblock wird gegen Angriffe unter der Gürtellinie angewandt. Hierbei wird mit dem Außenunterarm vom Handgelenk bis zum Ellenbogen geblockt. *Arae-makki* ist am wirkungsvollsten, wenn der Unterarm bei der Abwärtsbewegung des Blockarms gedreht wird. Er beginnt an der gegenüberliegenden Schulter mit dem Faustrücken nach unten. Kurz bevor das Handgelenk die Endstellung erreicht (Körpergrenze), wird der Unterarm nach außen gedreht, wodurch vor allem für leichtere Kämpfer ein enormer Kraftgewinn entsteht.

In der Endstellung ist der Ellenbogen leicht gebogen, und die Faust ist vom Körper mindestens eine Handspanne entfernt. Bei gestrecktem Arm ist die Verletzungsgefahr für den Ellenbogen zu groß. Wenn der Arm zu eng am Körper geführt wird, könnte man trotz Abwehr getroffen werden, weil der Angriff – eventuell langsamer als gedacht – über die Abwehr rutscht.

1 a

1 b

2a

2 b

Momtong-bandae-jirŭgi

Momtong-bandae-jirŭgi wird mit den Faustknöcheln des Zeige- und des Mittelfingers der frontalen Faust (*Jumŏk*) zum Körper (*Momtong*) auf der Seite ausgeführt, wo der Fuß vorne steht. Die beiden Knöchel bilden die Verlängerung der Speiche des Unterarms. Aus diesem Grund darf die Faust weder seitlich noch nach oben oder unten abgeknickt sein.

Die Faust erreicht das Ziel dann, wenn der Fuß im Vorgehen den Boden berührt. Der Fauststoß selbst beginnt an der Hüfte mit dem Faustrücken nach unten. Dabei „schleift" der Unterarm leicht am Körper. Wenn der Ellenbogen den Körper erreicht, beginnt die Faust eine Drehung nach innen (ohne die Stoßbewegung zu unterbrechen), bis der Faustrücken am Ziel nach oben zeigt. Das Ziel der beiden Knöchel ist immer die senkrechte Körperachse in Höhe des eigenen Solarplexus bei aufrecht stehendem Körper.

1 a

1 b

2a

3a

2b

3b

Momtong-an-makki

Blöcke, die den Körper von der Schulter bis zum Nabel schützen, heißen *Momtong-makki.* Einfach *Momtong-makki* wird der *Momtong-an-makki* (der Block von außen nach innen) in den beiden Vorwärtsstellungen genannt. Der Zusatz „*an*" bedeutet „innen", womit angezeigt wird, daß der Block von außen nach innen geführt wird. Ohne jeglichen Zusatz wird unter *Momtong-an-makki* der Block mit dem äußeren Unterarm verstanden.

Der *Momtong-an-makki* wird mit einem auf etwa 90° gebeugten Arm und etwas nach hinten abgedrehten Körper ausgeholt. Dabei befindet sich die nach außen gedrehte Faust etwa in Augenhöhe. Der andere Arm ist nach vorn gestreckt.

Der Blockarm wird in unveränderter Haltung in einer Kreislinie nach vorne gebracht, bis die Faust die Körpermittellinie erreicht hat (die nach vorn gestreckte Faust wird im Gegenzug an die Hüfte zurückgezogen). Während der Blockbewegung dreht sich der Blockarm nach innen, bis der Handrücken nach vorne zeigt. Das Handgelenk befindet sich bei Erreichen der Endstellung in Schulterhöhe.

1 a

1 b

2a

2b

3a

3b

Momtong-baro-jirŭgi ▲ ▼

Momtong-baro-jirŭgi

Der Körperfauststoß mit der Faust auf der Seite des hinteren Beins heißt *Momtong-baro-jirŭgi*. Für ihn gelten dieselben Regeln wie für den *Momtong-bandae-jirŭgi*, nur beginnt der Stoß erst, wenn der vorwärtsgehende Fuß bereits fest auf dem Boden steht.

Die Drehung um 180° rückwärts ➤

1. Über die Schulter des gehenden Beins schauen.
2. Das vordere Bein nach hinten stellen (der Fußballen wird dabei auf den späteren Platz des Fußes gestellt).
3. Der Körper wird auf den Fußballen in die gewünschte Position eingedreht und die jeweils erforderliche Handtechnik wird ausgeführt.

1 ➤

2 ➤

3 ➤

4

Ŏlgul-makki

Ŏlgul-makki heißt Gesichtsblock und wird zur Abwehr von Angriffen gegen Hals und Gesicht benutzt. Neben speziellen Kopfabwehren versteht man unter dem Allgemeinausdruck *Ŏlgul-makki* den hebenden Block mit dem äußeren Unterarm.

Grundschulmäßig beginnt dieser Block mit der Faust an der Hüfte. Von hier aus beschreibt die Faust in Richtung der gegenüberliegenden Schulter einen leichten Bogen aufwärts **vor** dem zurückgehenden Arm der Gegenbewegung. Bis der mittlere Unterarm die Höhe des Kinns erreicht, dreht er sich mit dem Faustrücken nach vorne.

1a

2a

1b

2b

Während des weiteren Hebens wird der Arm (ohne die Aufwärtsbewegung zu unterbrechen) mit dem äußeren Unterarm nach oben gedreht, bis der Block in der Endstellung einrastet. Die Faust befindet sich dabei auf der Linie der gegenüberliegenden Schulter, während der **schräggestellte** Unterarm eine Handbreit vor und knapp über der Stirn zum Stehen kommt.

3a

4a

3b

4b

Ap-chagi

Unter *Ap-chagi* ist der mit dem Fußballen ausgeführte Tritt nach vorne zu verstehen. Hierbei wird der Fuß so weit gestreckt, daß er die Verlängerung des Schienbeins bildet. Um mit dem Ballen treffen zu können, müssen die Zehen nach oben gebogen werden.

In einer fließenden Bewegung wird das Knie zum Tritt hochgerissen und gleichzeitg gebeugt, um sich zur Vollendung des Trittes sofort wieder zu strecken. Ist der Tritt ausgeführt, so wird das Knie unverzüglich wieder gebeugt. Hierdurch entsteht eine Schnappbewegung, weshalb der *Ap-chagi* auch Schnapptritt genannt wird.

1a

2a

1b

2b

Ap-chagi ist der direkteste und schnellste Tritt im Taekwondo, weil der Bewegungsfluß beim Treten durch keinerlei Drehungen gestört wird und dem natürlichen Bewegungsnatural der Beingelenke folgt. Auf *Ap-chagi* lassen sich viele Tritte aufbauen, weshalb er als *der* Basistritt zuerst gelehrt wird.

3a

4a

3b

4b

Die Drehung um 90° nach außen

1. Der Kopf wird in die vorbestimmte Richtung gedreht.
2. Der vordere Fuß wird mit dem Ballen auf den Platz gestellt, wo er dann endgültig zum Stehen kommt.
3. Der Körper wird in die vorgeschriebene Richtung eingedreht, die Stellung fixiert und die Armtechnik ausgeführt.

2 ➤

3 ➤

1 ➤

4

Die 90°-Drehung auf dem vorderen Fuß nach innen

1. Kopf in die gewünschte Richtung drehen.
2. Gleichzeitig auf dem Ballen des vorderen Fußes in die gewünschte Richtung drehen.
3. Hinteren Fuß direkt in diese Richtung zur gewünschten Stellung abstellen.

1 ➤

2 ➤

3 ➤

4

➤

Junbi

a) Mit dem Gesicht in Richtung **V** stehen, den linken Fuß zur Seite stellen
b) **Pyŏnhi-sŏgi**
c) **Gibon-junbi**

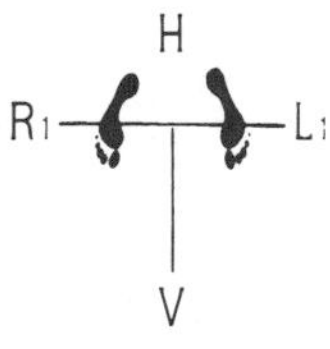

Beispiel für die Anwendung der Bewegungsfolge in der Selbstverteidigung ➤

1a ➤

1.

a) Linken Fuß in Richtung **L1** setzen, Körper nach links drehen
b) Links **Ap-sŏgi**
c) Links **Arae-makki**

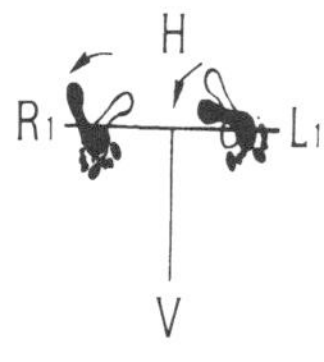

1 b ➤

2.

a) Mit dem rechten Fuß in Richtung **L1** vorgehen

b) Rechts **Ap-sŏgi**

c) Rechts **Momtong-bandae-jirŭgi**

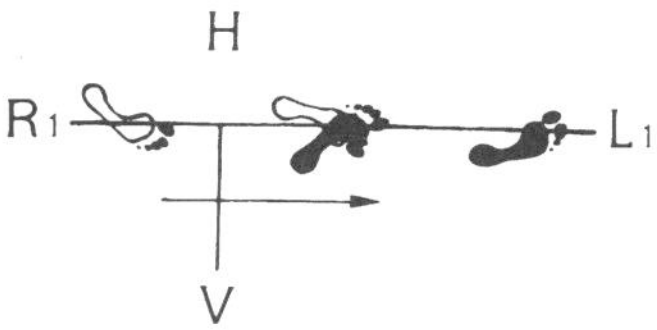

1 c ▼

2

4

3c ➤

4.

a) Mit dem linken Fuß in Richtung **R1** vorgehen

b) Links **Ap-sŏgi**

c) Links **Momtong-bandae-jirŭgi**

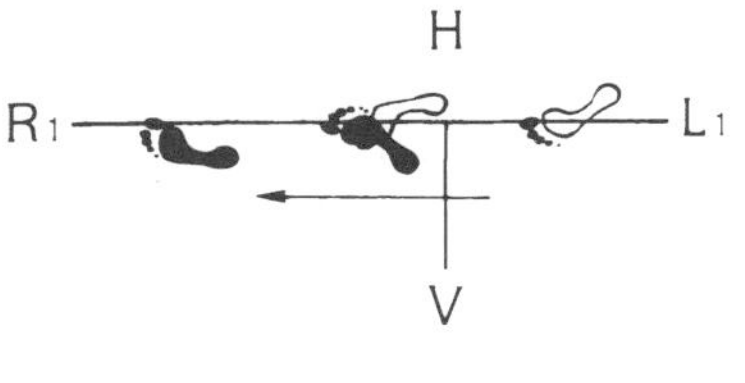

3b ➤

3a ➤

3.

a) Den Körper auf dem linken Fuß rechtsherum drehen und den rechten Fuß in Richtung **R1** setzen

b) Rechts **Ap-sŏgi**

c) Rechts **Arae-makki**

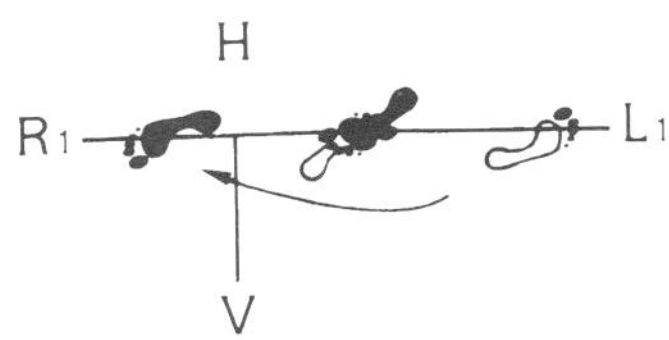

5a ➤

5b ➤

5.

a) Körper auf rechtem Fuß links drehen, linken Fuß in Richtung **V** setzen.

b) Links **Ap-gubi**

c) Links **Arae-makki** und rechts **Momtong-baro-jirŭgi** in schneller Folge

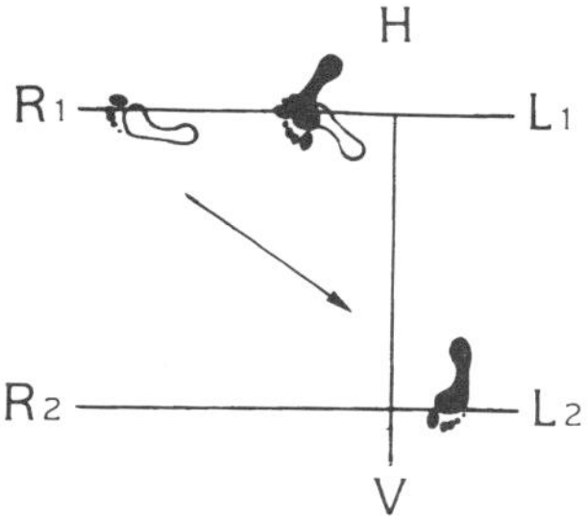

Kombination Arae-makkŏ – Baro-jirugi

Diese Kombination muß zwar schnell ausgeführt werden, jedoch so, daß die Gegenbewegung deutlich zu erkennen ist. Also: nicht nur einarmig blocken, stoßen oder schlagen, während die andere Faust bereits an der Hüfte sitzt. Die Gegenzugbewegungen sind für die Techniken sehr wichtig, weshalb die Technik und diese Bewegung gleichzeitig ausgeführt werden müssen.

5c ➤

5d ▼

5e

6.

a) Körper auf linkem Fuß rechts drehen, rechten Fuß in Richtung **R2** setzen

b) Rechts **Ap-sŏgi**

c) Links **Momtong-an-makki**

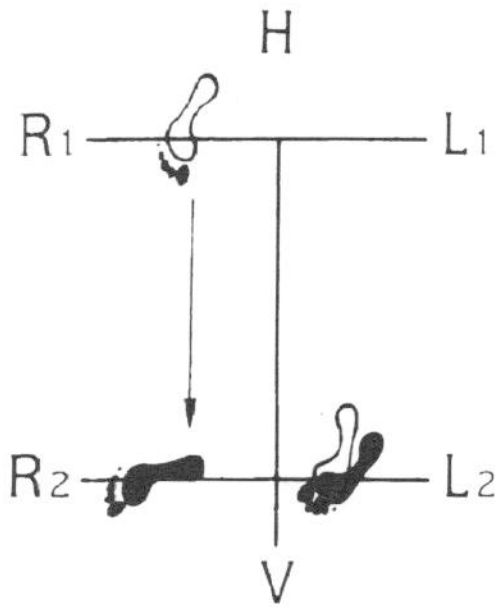

6c

7.

a) Mit dem linken Fuß in Richtung **R2** vorgehen

b) Links **Ap-sŏgi**

c) Rechts **Momtong-baro-jirŭgi**

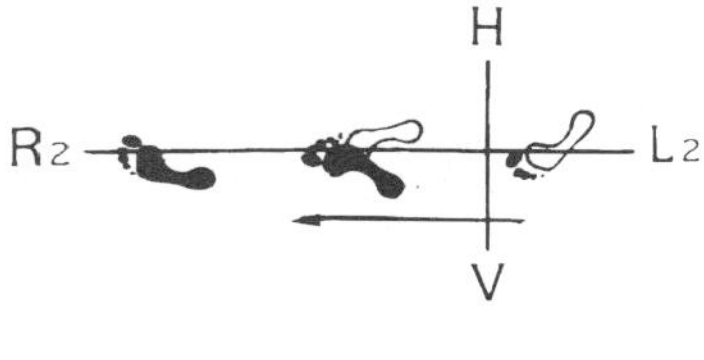

7

6b ➤

6a ➤

8a ➤

8b ➤

8.

a) Den Körper auf dem rechten Fuß linksherum drehen und den linken Fuß in Richtung **L2** setzen.
b) Links **Ap-sŏgi**
c) Rechts **Momtong-an-makki**

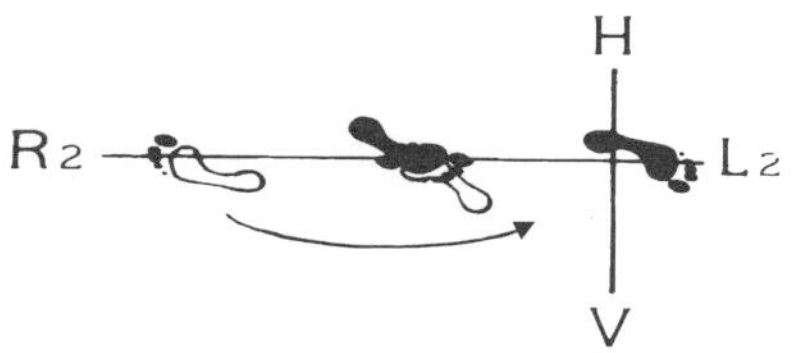

8c ➤

9

9.

a) Mit dem rechten Fuß in Richtung **L2** vorgehen
b) Rechts **Ap-sŏgi**
c) Links **Momtong-baro-jirŭgi**

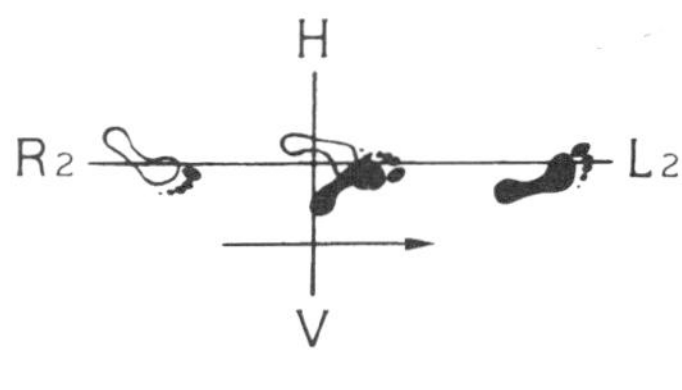

10a ➤

10.

a) Körper auf linkem Fuß rechts drehen, rechten Fuß in Richtung **V** setzen

b) Rechts **Ap-gubi**

c) Rechts **Arae-makki** und dann links **Momtong-baro-jirŭgi** in schneller Folge

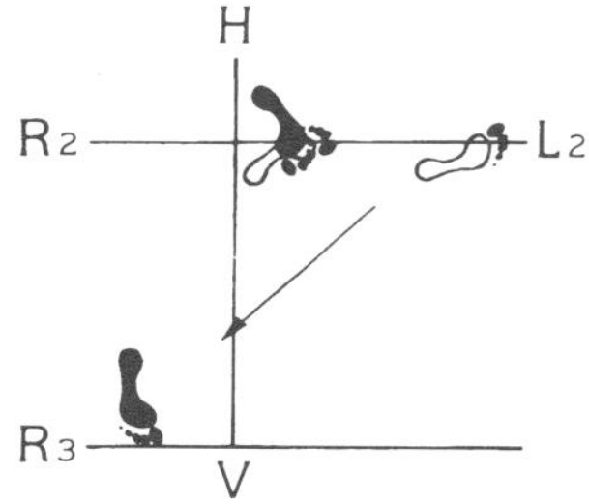

10b ➤

10c ➤

11.

a) Körper auf rechtem Fuß links drehen, linken Fuß in Richtung **L3** setzen

b) Links **Ap-sŏgi**

c) Links **Ŏlgul-makki**

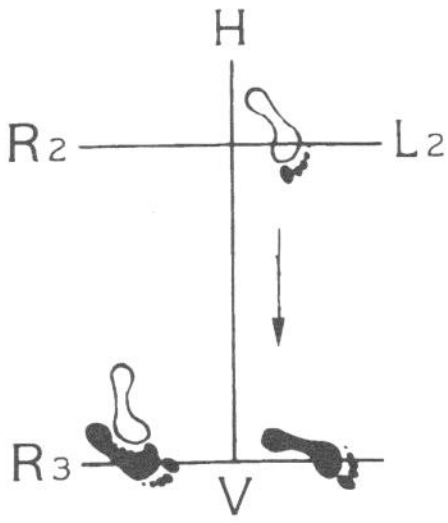

11c

11a ➤

11b ▲

12.

a) Mit dem rechten Fuß **Ap-chagi** treten und in Richtung **L3** absetzen

b) Rechts **Ap-sŏgi**

c) Rechts **Momtong-bandae-jirŭgi**

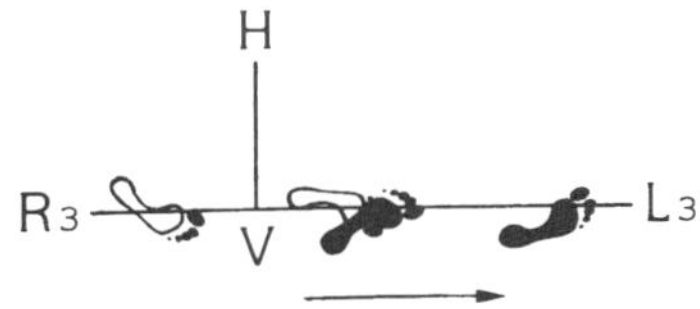

12a ➤

12b ➤

12c ➤

12d

13.

a) Den Körper auf dem linken Fuß rechtsherum drehen und den rechten Fuß in Richtung **R3** setzen
b) Rechts **Ap-sŏgi**
c) Rechts **Ŏlgul-makki**

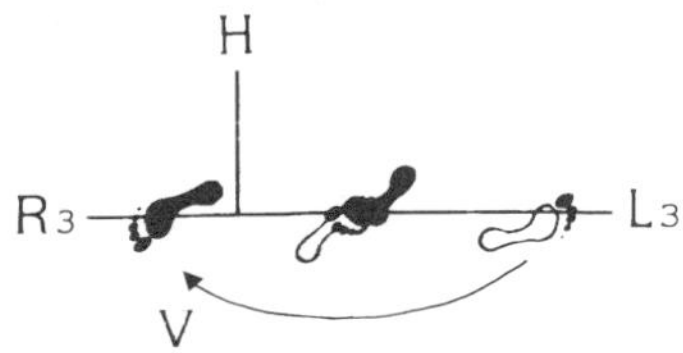

13c

14b

14a

13b ➤

13a ➤

14.

a) Mit dem linken Fuß **Ap-chagi** treten und in Richtung **R3** absetzen
b) Links **Ap-sŏgi**
c) Links **Momtong-bandae-jirŭgi**

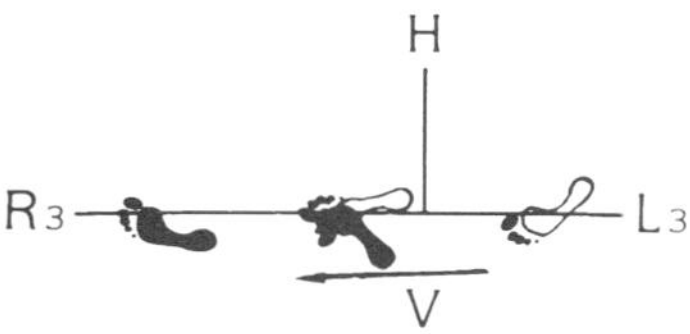

15.

a) Körper auf rechtem Fuß rechts drehen, linken Fuß in Richtung **H** setzen
b) Links **Ap-gubi**
c) Links **Arae-makki**

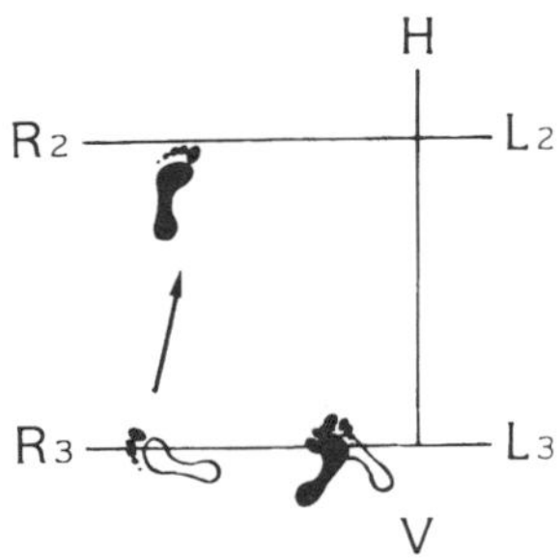

15a ➤

Bewegungsfolge aus Richtung **H**.

15b

Die 90°-Drehung auf dem hinteren Fuß nach innen

1. Kopf nach rechts drehen (wenn der linke Fuß vorne steht).
2. Das Gewicht wird auf den hinteren, rechten Fuß verlagert, dessen Zehen gleichzeitig nach rechts gedreht werden.
3. Der linke Fuß wird zu Ap-gubi nach rechts abgestellt.

16.

a) Mit dem rechten Fuß in Richtung **H** vorgehen
b) Rechts **Ap-gubi**
c) Rechts **Momtong-bandae-jirŭgi** mit **Gihap**

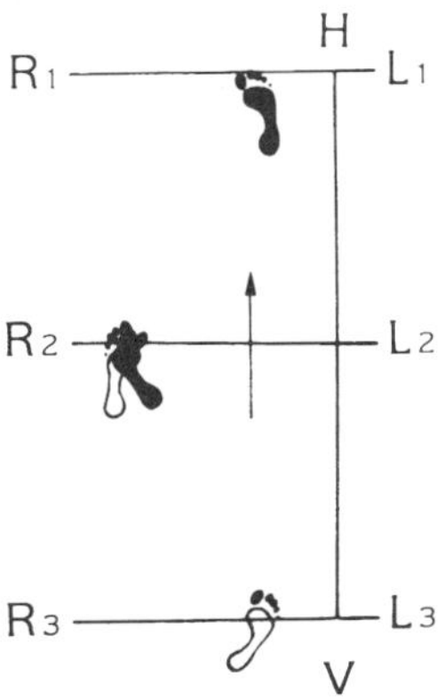

16

Gŭman

a) Den Körper auf dem rechten Fuß linksherum drehen, bis das Gesicht in Richtung **V** zeigt
b) **Pyŏnhi-sŏgi** in Richtung **V**
c) **Gibon-junbi**

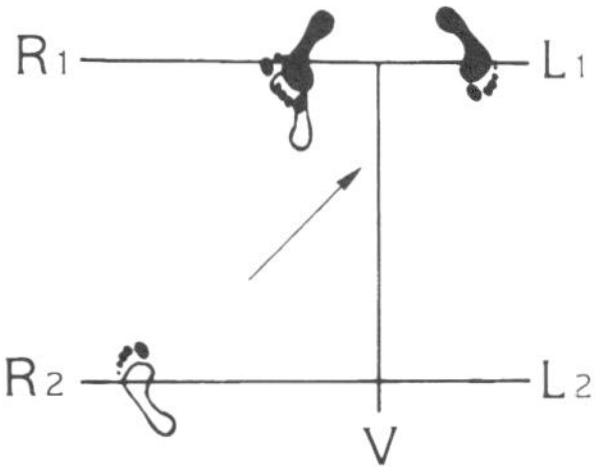

Taegŭk-i-jang

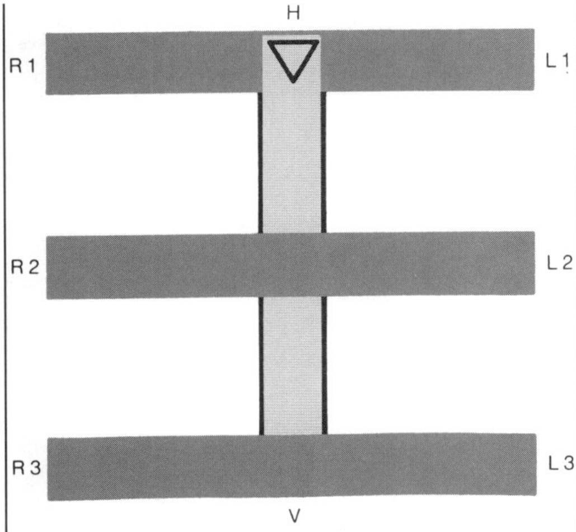

Das Symbol des *Taegŭk-i-jang*-Diagramms bedeutet: das Heitere, der Frohsinn. Ein fröhlicher Mensch, nicht zu verwechseln mit einem Witzereißer, ist innerlich gefestigt und gibt seinen Mitmenschen, allein schon durch sein Auftreten, Mut und Zuversicht. Ein solcher Mensch verfügt über eine große innere Kraft, gibt bei seinen Unternehmungen nicht so schnell auf und ist ausgeglichen und ruhig, aber kraftvoll in seiner Persönlichkeit.

Taegŭk-i-jang symbolisiert also ruhige Gelassenheit neben kraftvollem Auftreten einer neu erworbenen Gewißheit des Lernenden. Die Fortschritte ermöglichen dem Ausübenden ein sicheres Auftreten voller Frohsinn.

Entsprechend kraftvoll und ruhig ist auch diese Bewegungsform angelegt. In *Taegŭk-i-jang* werden vor allem die kombinierten Techniken wie Ap-chagi, *Ŏlgul-jumŏk-jirŭgi* oder *Ap-chagi* und *Momtong-jirŭgi* verstärkt angewandt. Die Geschmeidigkeit wird in den aufeinanderfolgenden Abwehren *Ŏlgul-* und *Momtong-makki* sichtbar.

Techniken zu Taegŭk-i-jang

Die Drehung um 270°

1. Den Blick erst in die gewünschte Richtung drehen.
2. Das hintere Bein rückwärtsdrehend in die gewünschte Richtung setzen und die verlangte Stellung einnehmen.

KOREA

Junbi

a) Mit dem Gesicht in Richtung **V** stehen, den linken Fuß zur Seite stellen
b) **Pyŏnhi-sŏgi**
c) **Gibon-junbi**

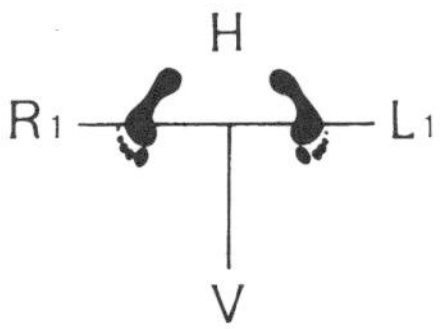

➤

4.

a) Links in Richtung **R1** vorgehen
b) Links **Ap-gubi**
c) Links **Momtong-bandae-jirŭgi**

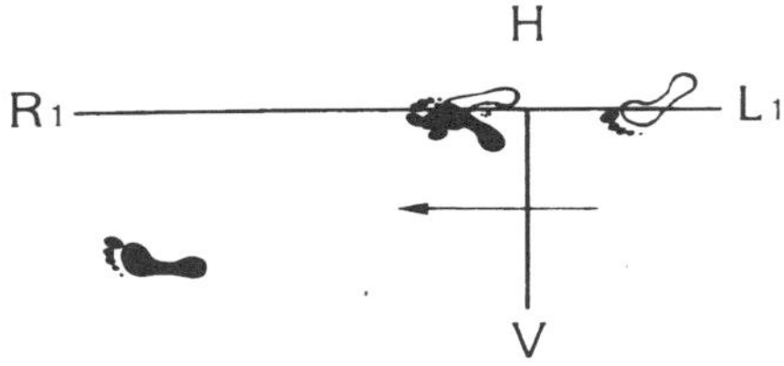

1.

a) Den linken Fuß in Richtung **L1** setzen und den Körper nach links drehen
b) Links **Ap-sŏgi**
c) Links **Arae-makki**

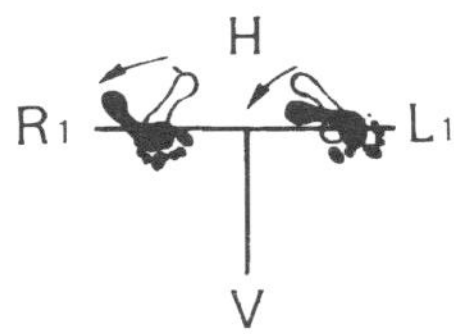

1 ➤

4

2.

a) Rechts in Richtung **L1** vorgehen
b) Rechts **Ap-gubi**
c) Rechts **Momtong-bandae-jirŭgi**

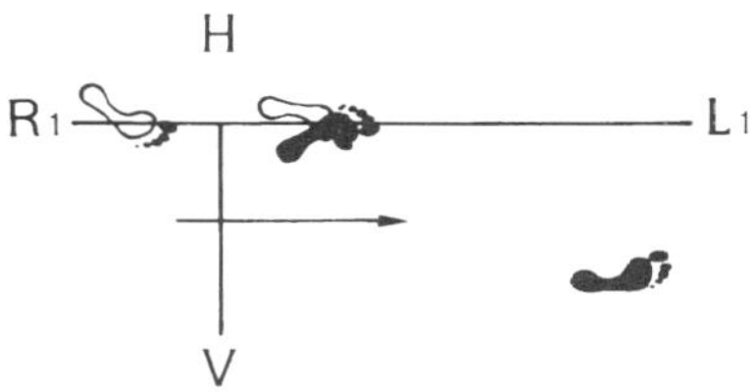

2

3

3.

a) Auf dem linken Fuß rechtsherum drehen und den rechten Fuß in Richtung **R1** setzen
b) Rechts **Ap-sŏgi**
c) Rechts **Arae-makki**

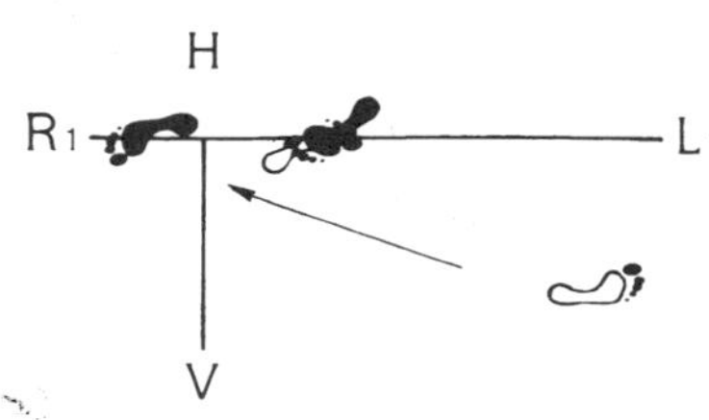

5.

a) Auf dem rechten Fuß nach links drehen und den linken Fuß in Richtung **V** setzen
b) Links **Ap-sogi**
c) Rechts **Momtong-an-makki**

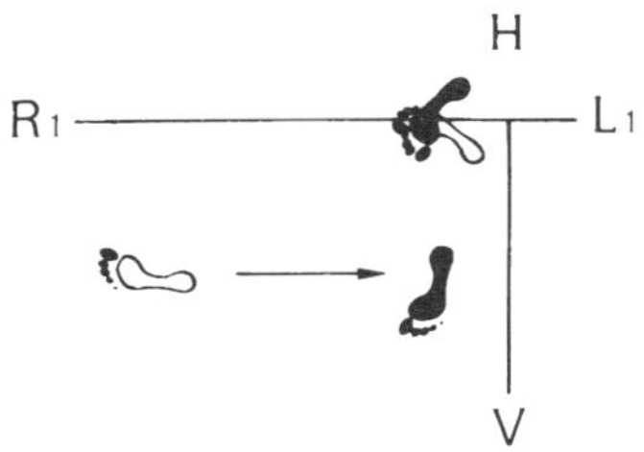

5

➤

➤

6

6.

a) Rechts in Richtung **V** vorgehen
b) Rechts **Ap-sŏgi**
c) Links **Momtong-an-makki**

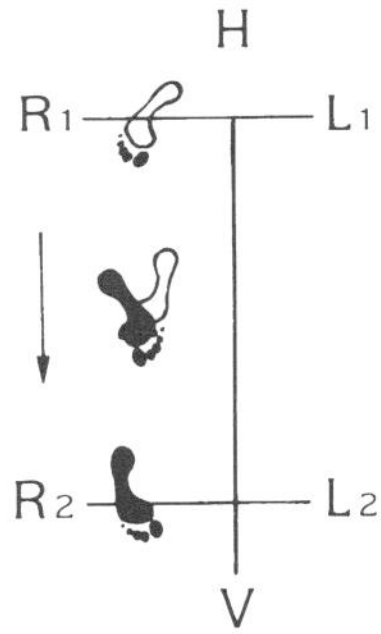

➤

7 ➤

7.

a) Auf dem rechten Fuß nach links drehen und den linken Fuß in Richtung **L2** setzen

b) Links **Ap-sŏgi**

c) Links **Arae-makki**

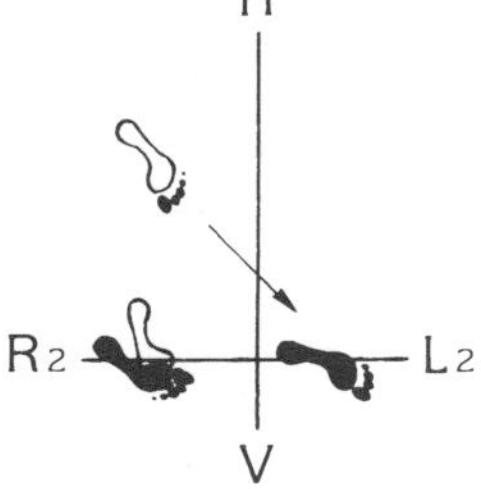

8a ➤

8.

a) Rechts **Ap-chagi** treten und in Richtung **L2** absetzen

b) Rechts **Ap-gubi**

c) Rechts **Ŏlgul-bandae-jirŭgi**

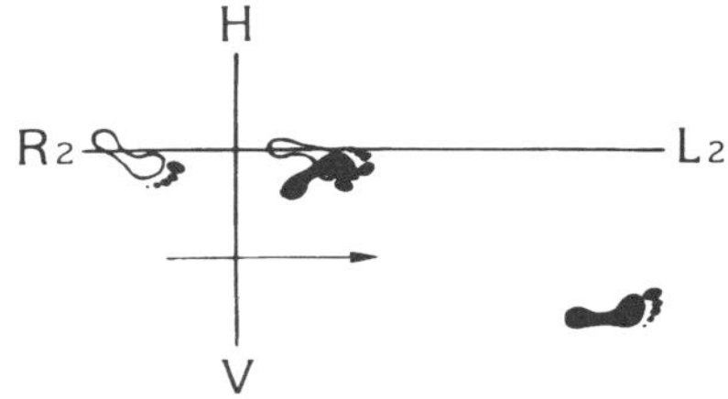

Ŏlgul-jirŭgi

Beim *Ŏlgul-jirŭgi* befindet sich die Faust beim Erreichen des Ziels in Augenhöhe. Die eigentliche Stoppbewegung ist mit dem *Momtong-jirŭgi* identisch.

8b ➤

9.

a) Auf dem linken Fuß rechtsherum drehen und den rechten Fuß in Richtung **R2** setzen
b) Rechts **Ap-sŏgi**
c) Rechts **Arae-makki**

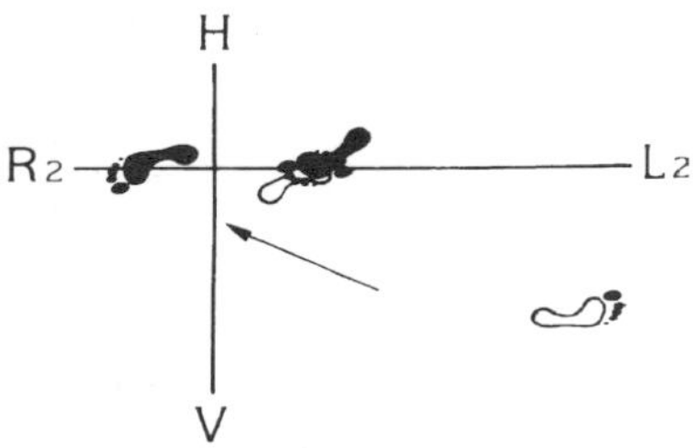

9

10.

a) Links **Ap-chagi** treten und in Richtung **R2** absetzen
b) Links **Ap-gubi**
c) Links **Ŏlgul-bandae-jirŭgi**

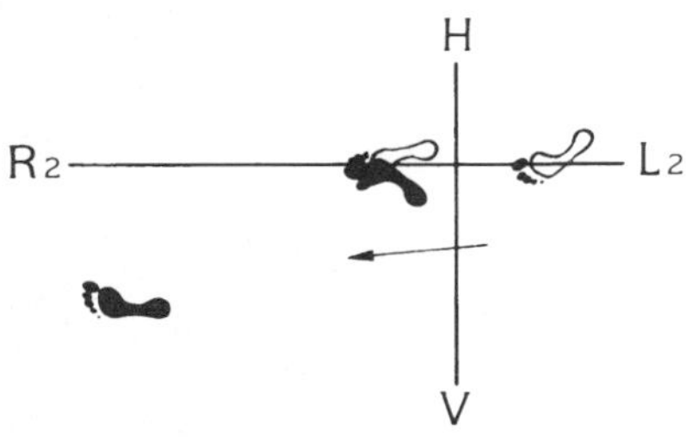

10a

10b

11.

a) Auf dem rechten Fuß nach links drehen und den linken Fuß in Richtung **V** setzen
b) Links **Ap-sŏgi**
c) Links **Ŏlgul-makki**

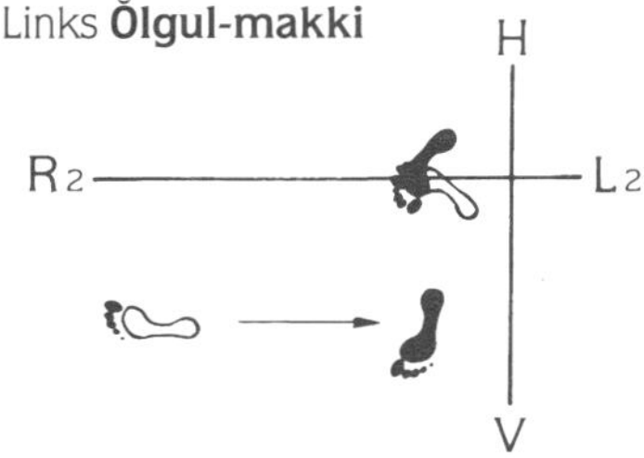

12.

a) Rechts in Richtung **V** vorgehen
b) Rechts **Ap-sŏgi**
c) Rechts **Ŏlgul-makki**

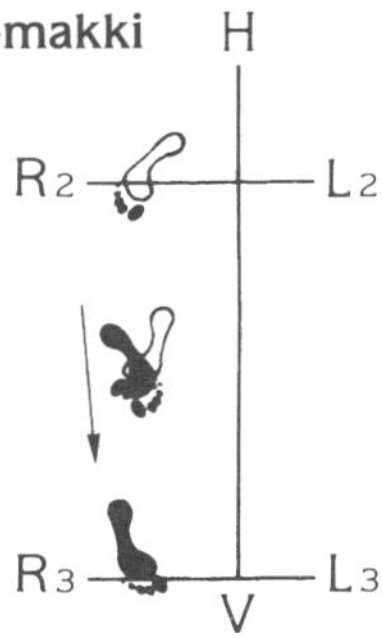

11

12

13a ➤

13b ➤

13.

a) Auf dem rechten Fuß linksherum drehen und den linken Fuß in Richtung **R3** setzen

b) Links **Ap-sŏgi**

c) Rechts **Momtong-an-makki**

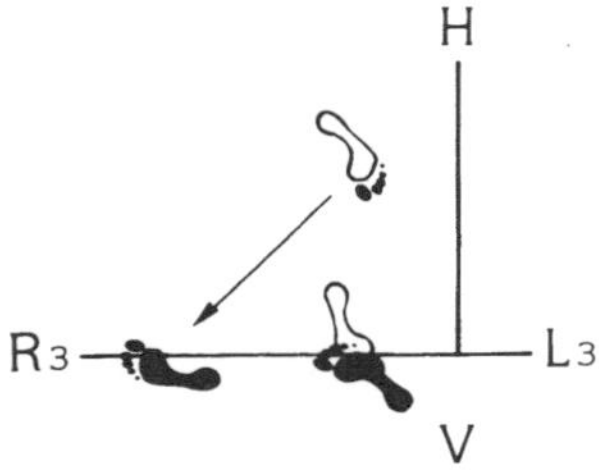

13c ➤

14a ▼

14.

a) Auf dem linken Fuß rechtsherum in Richtung **L3** umdrehen
b) Rechts **Ap-sŏgi**
c) Links **Momtong-an-makki**

14b

15.

a) Auf dem rechten Fuß nach links drehen und den linken Fuß in Richtung **H** setzen
b) Links **Ap-sŏgi**
c) Links **Arae-makki**

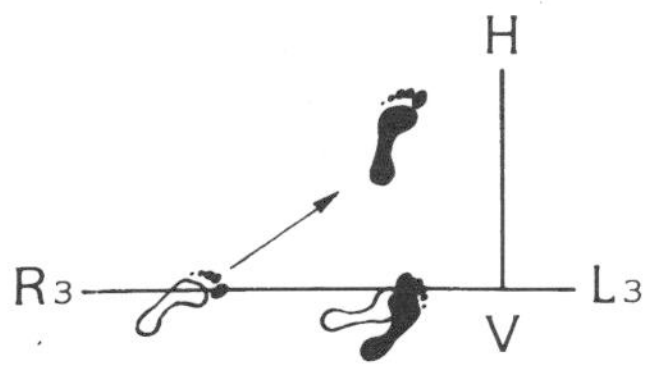

16.

a) Rechts **Ap-chagi** treten und in Richtung **H** absetzen
b) Rechts **Ap-sŏgi**
c) Rechts **Momtong-bandae-jirŭgi**

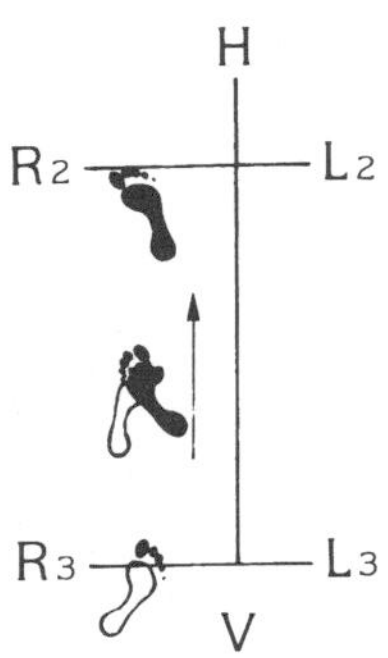

15 ➤

Bewegungsfolge aus Richtung **H**. ➤

16a ➤

16b

Aktionsfolge der Bewegungen 13 bis 16

1

2

3

4

5

6

17a ➤

17b

17b aus Richtung **H**.

17.

a) Links **Ap-chagi** treten und in Richtung **H** absetzen
b) Links **Ap-sŏgi**
c) Links **Momtong-bandae-jirŭgi**

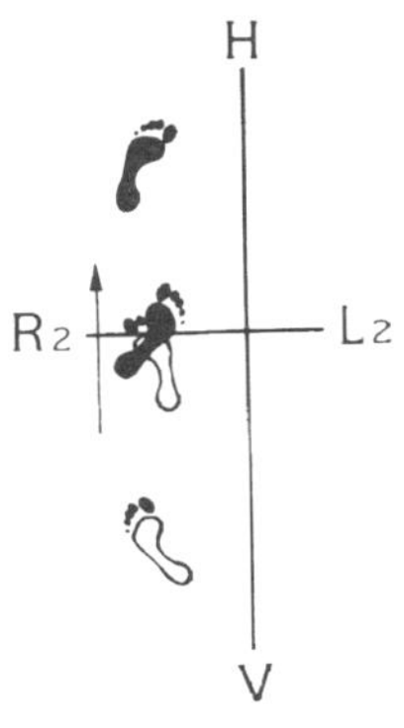

18a ➤

18b ➤

18.

a) Rechts **Ap-chagi** treten und in Richtung **H** absetzen
b) Rechts **Ap-sŏgi**
c) Rechts **Momtong-bandae-jirŭgi** mit **Gihap**

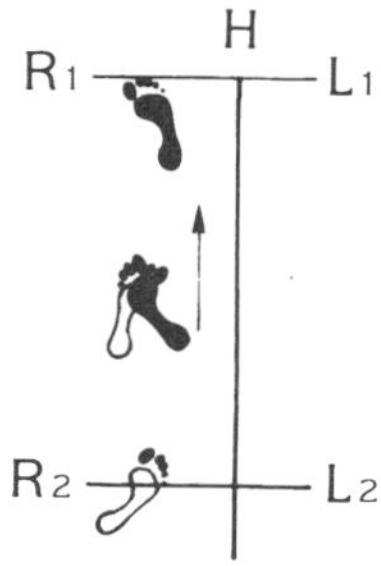

18b aus Richtung **H**.

Gŭman

a) Auf dem rechten Fuß linksherum drehen, bis das Gesicht in Richtung **V** zeigt
b) **Pyŏnhi-sŏgi**
c) **Gibon-junbi**

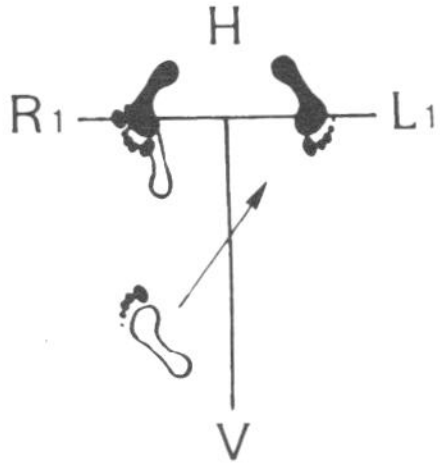

Taegŭk-sam-jang

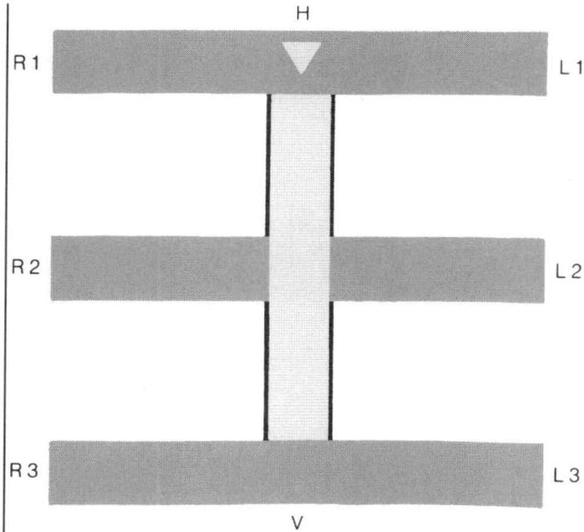

Feuer ist das Zeichen des *Taegŭk-sam-jang*. Durch seine Intelligenz hat es der Mensch verstanden, das gefährliche Feuer zu zähmen. Es leuchtet dem Menschen in der Dunkelheit und läßt die Furcht vergehen, gibt ihm Wärme und Geborgenheit. Wenn die Sonne am ungetrübten blauen Himmel leuchtet, empfinden wir Hoffnung und Zuversicht. Bricht das Feuer aber unkontrolliert aus einem Vulkan aus, erfüllt es uns mit Furcht und Schrecken ob seiner zerstörerischen Leidenschaft.

Symbolisch gesehen will das für *Taegŭk-sam-jang* gewählte Zeichen die Leidenschaft in fruchtbare Bahnen lenken. Das tief in uns schlummernde Feuer soll kontrolliert zu unserem Wohle dienen, nicht zum sinnlosen Zerstören.

Dem Symbol entsprechend, ist *Taegŭk-sam-jang* lebhaft und abwechslungsreich. Eine Steigerung erfährt diese Bewegungsform durch Dreifachtechniken wie *Ap-chagi* mit *Dubŏn-jirŭgi* und *Ap-chagi* mit *Arae-makki* und *Baro-jirŭgi*. Die Handkantentechniken *Sonnal-mok-chigi* und *Hansonnal-makki* weisen auf die Gefährlichkeit des Feuersymbols hin.

Techniken zu Taegŭk-sam-jang

Dubŏn-jirŭgi

Dubŏn-jirŭgi werden zwei schnell nacheinander gestoßene *Jumŏk-jirŭgi* genannt – ein Doppelschlag also.

Die zurückgehende Faust wird beim Stoß soweit wie möglich zurückgeführt. Aus dieser Position kann der zweite Stoß ohne unnötigen Zeitverlust erfolgen, wie dies beim Abstoppen durch Muskelkraft zu einem früheren Zeitpunkt der Fall wäre. Durch die automatische Rückfederung des bis zum Anschlag zurückgeführten Armes wird bei entsprechender Kraftaufwendung auch die Beschleunigungsgeschwindigkeit größer.

1

2

3

Sonnal-mokchigi

Sonnal-mokchigi bedeutet wörtlich Handkantenschlag zum Hals. Dabei heißt Sonnal eigentlich Messerhand. Doch hat sich der Ausdruck Handkante im Deutschen so eingebürgert, daß wir ihn auch künftig benutzen werden.

Ausgeholt wird *Sonnal-mokchigi* wie der *Momtong-an-makki*, nur beginnt er mit offener Hand. Auch die weitere Bewegung verläuft wie beim *Momtong-makki*. In der Endstellung ist die innenwärts gerichtete Handkante bei *Ap-sŏgi* in Halshöhe, bei *Ap-gubi* in Mundhöhe.

Die Armöffnung (der Winkel zwischen dem Ober- und Unterarm) ist dabei meist größer als beim *Momtong-makki*. Der Ellenbogen wird dabei nie völlig gestreckt.

1

2

3

Dwit-gubi

Dwit-gubi ist die Rückwärtsstellung und bedeutet im eigentlichen Sinne des Wortes rückwärtsgebeugt. Sie ist vornehmlich eine Verteidigungsstellung, die nach hinten orientiert ist und in dieser Richtung auch am stabilsten ist. *Dwit-gubi* ist auch nach vorne relativ stabil, jedoch nicht allzusehr nach den Seiten.

Das Hauptgewicht des Körpers liegt über dem hinteren Bein (etwa 70 %), dessen Fuß im 90°-Winkel (gemessen an der Außenkante) nach außen gerichtet ist. Das stark gebeugte Knie befindet sich über den Zehen.

Das vordere Knie ist dagegen nur leicht gebeugt und das Bein trägt nur etwa 30 % des Körpergewichts. Dessen Fuß ist leicht innenwärts gerichtet und berührt mit dem Ballen eine von der hinteren Ferse nach vorne gedachte Linie.

Der Oberkörper ruht natürlich und gerade in dieser Stellung und wird weder seitlich noch nach vorne eingedreht.

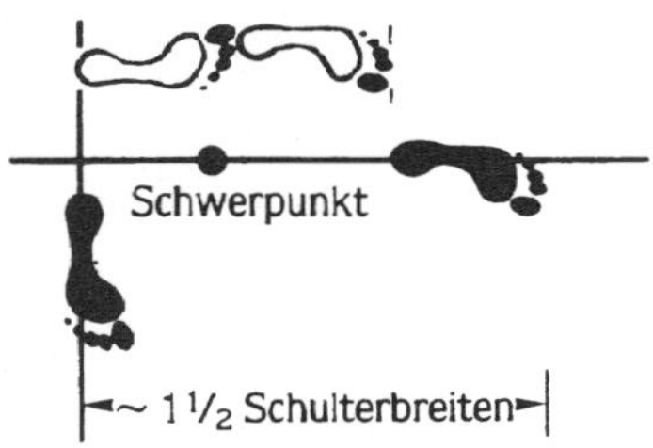

KOREA

KOREA

Hansonnal-momtong-makki

Der Block mit einer Handkante nach außen in der Körperstufe heißt *Hansonnal-momtong-makki*, auch kurz *Hansonnal-makki* genannt.

Der *Hansonnal-momtong-makki* beschreibt vor dem zurückgehenden Arm einen leichten Bogen nach außen. Die Handfläche ist zunächst dem Körper zugewandt und dreht sich mit fortschreitender Bewegung des Blockes nach außen. Der Unterarm, die Hand und die Handkante bilden hierbei eine Linie.

Am Ziel befindet sich die Handkante in Halshöhe, der Arm ist um 90° angewinkelt, und der Unterarm weist, sowohl zum Körper als auch zum Boden, einen 45°-Winkel auf (der Ellenbogen darf nicht zu hoch liegen, weil dann ein guter Block nicht gewährleistet ist). Der Blockbereich ist bei *Hansonnal-makki* die Handkante und der äußere Unterarm.

1

2

3

➤

Junbi

a) Mit dem Gesicht in Richtung **V** stehen, den linken Fuß zur Seite stellen

b) **Pyŏnhi-sŏgi**

c) **Gibon-junbi**

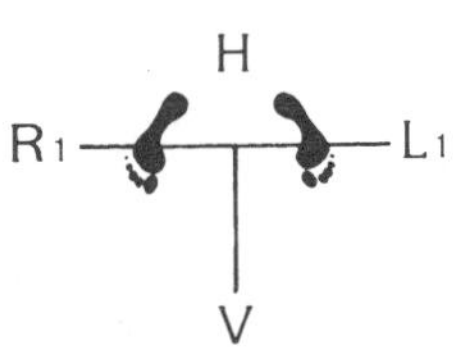

1 ➤

1.

a) Den linken Fuß in Richtung **L1** setzen und den Körper nach links drehen

b) Links **Ap-sŏgi**

c) Links **Arae-makki**

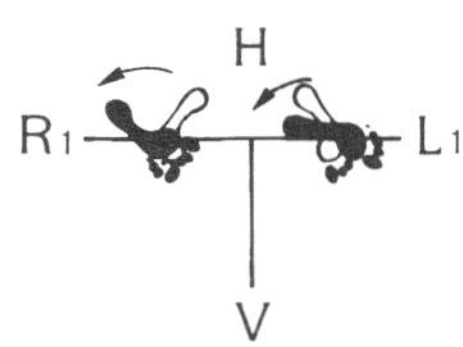

2a ➤

2b ▼

2.

a) Rechts **Ap-chagi** treten und in Richtung **L1** absetzen
b) Rechts **Ap-gubi**
c) Dubŏn-momtong-jirŭgi (mit der rechten Faust zuerst)

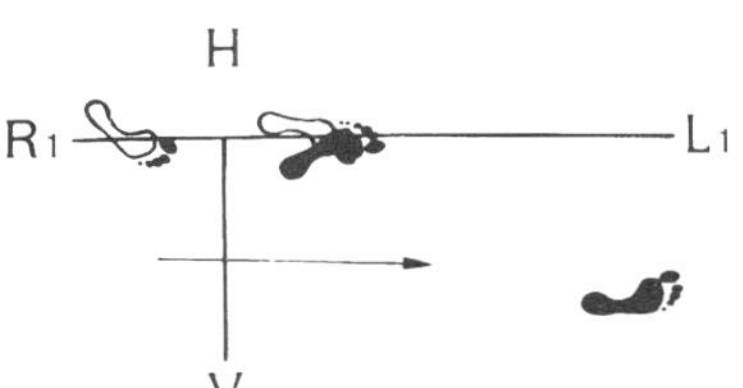

2c

4c

4b ➤

3 ➤

3.

a) Auf dem linken Fuß rechtsherum drehen und den rechten Fuß in Richtung **R1** setzen
b) Rechts **Ap-sŏgi**
c) Rechts **Arae-makki**

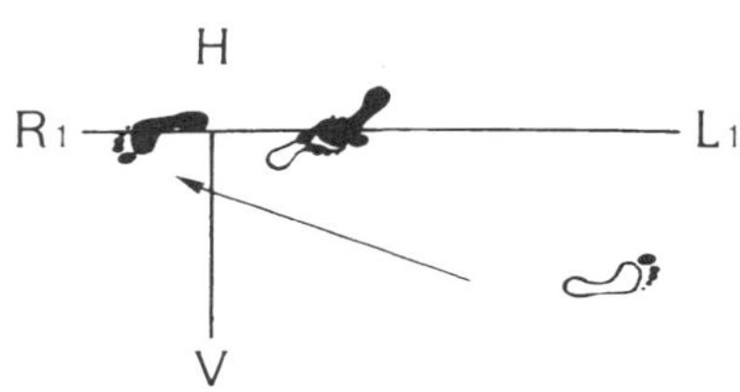

4a ➤

4.

a) Links **Ap-chagi** treten und in Richtung **R1** absetzen
b) Links **Ap-gubi**
c) **Dubŏn-momtong-jirŭgi** (mit der linken Faust zuerst)

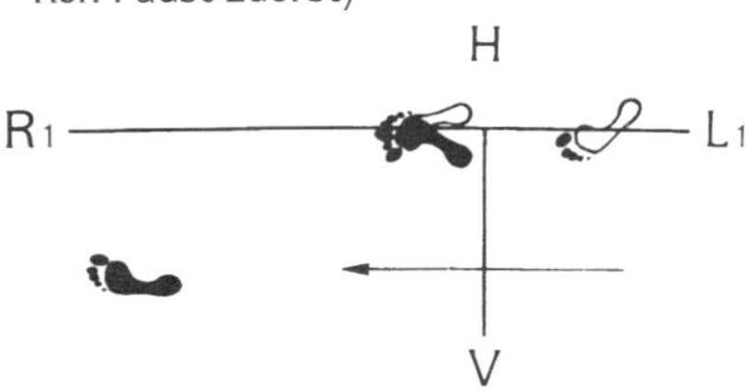

5a

5b ➤

5.

a) Auf dem rechten Fuß nach links drehen und den linken Fuß in Richtung **V** setzen

b) Links **Ap-sŏgi**

c) Rechts **Sonnal-mokchigi** (Halsschlag)

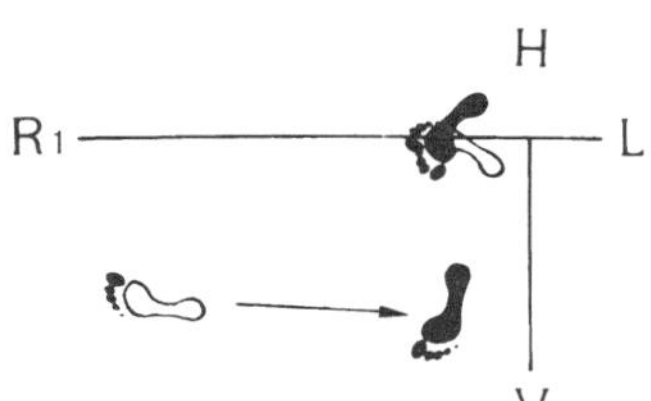

6 ➤

6.

a) Rechts in Richtung **V** vorgehen

b) Rechts **Ap-sŏgi**

c) Links **Sonnal-mokchigi**

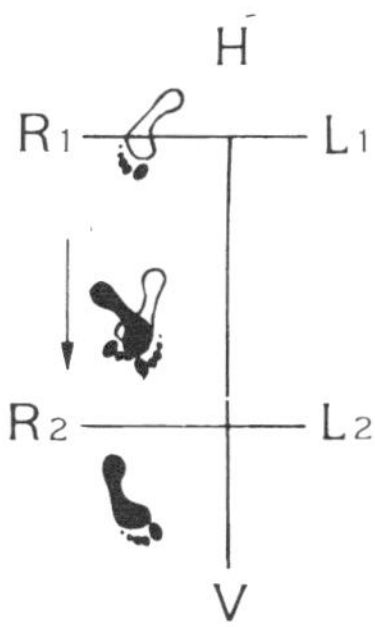

7.

a) Linken Fuß in Richtung **L2** setzen, der rechte Fuß wird nicht versetzt
b) Rechts **Dwit-gubi**
c) Links **Hansonnal-momtong-makki**

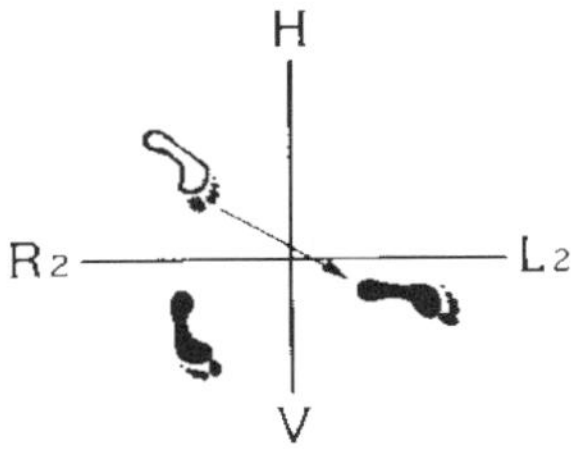

7a

8.

a) Mit dem linken Fuß in Richtung **L2** vorgleiten
b) Links **Ap-gubi**
c) Rechts **Momtong-baro-jirŭgi** (die Bewegungen 7. und 8. werden in schneller Folge ausgeführt)

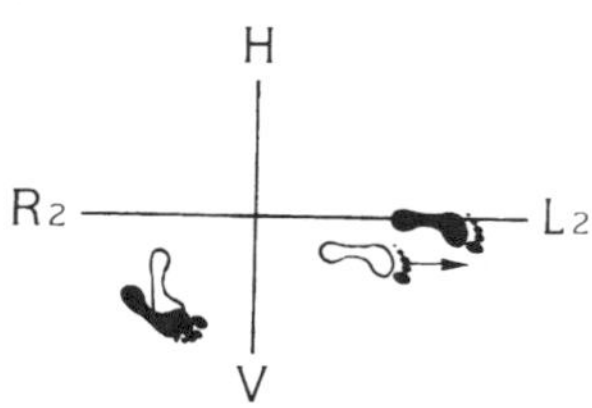

8a

7b

8b

11.

a) Auf dem rechten Fuß nach links drehen und den linken Fuß in Richtung **V** setzen
b) Links **Ap-sŏgi**
c) Rechts **Momtong-an-makki**

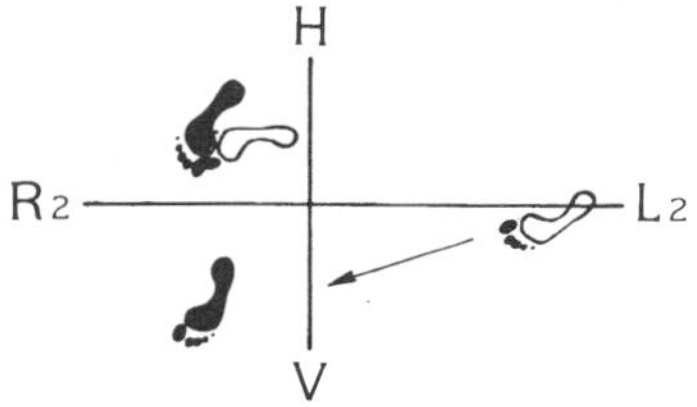

11 ▼

12.

a) Mit dem rechten Fuß in Richtung **V** vorgehen
b) Rechts **Ap-sŏgi**
c) Links **Momtong-an-makki**

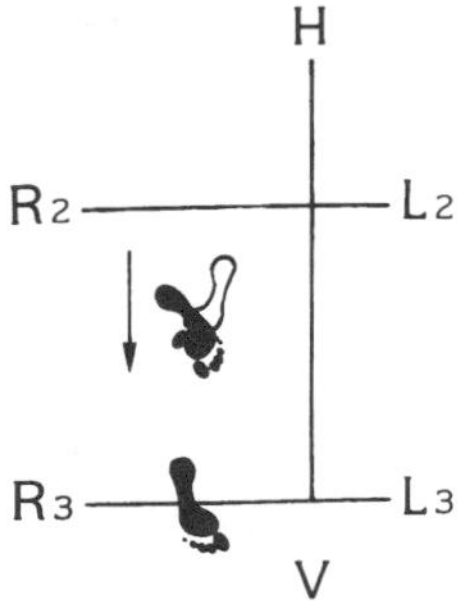

12

9 ◄

9.

a) Auf dem linken Fuß rechtsherum in Richtung **R2** wenden
b) Links **Dwit-gubi**
c) Rechts **Hansonnal-momtong-makki**

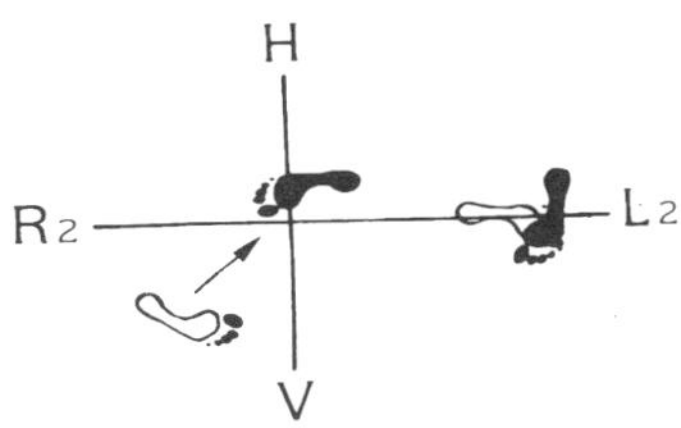

10 ◄

10.

a) Mit dem rechten Fuß in Richtung **R2** vorgleiten
b) Rechts **Ap-gubi**
c) Links **Momtong-baro-jirŭgi** (die Bewegungen 9. und 10. werden in schneller Folge ausgeführt)

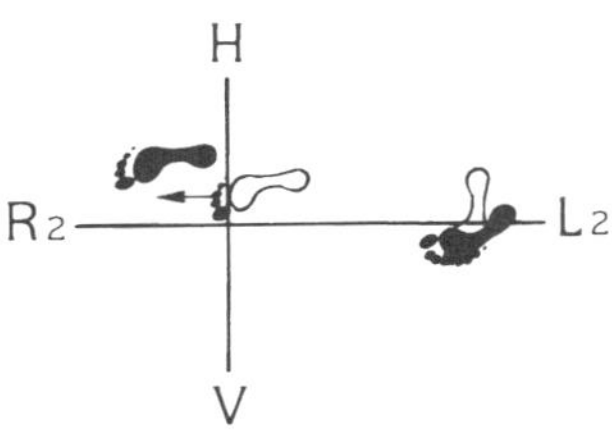

14a ➤

14b ➤

14c

14.

a) Rechts Ap-chagi treten und in Richtung **R3** absetzen
b) Rechts **Ap-gubi**
c) **Momtong-dubŏn-jirŭgi** (mit der rechten Faust zuerst)

13b

13a

13.

a) Auf dem rechten Fuß linksherum drehen und den linken Fuß in Richtung **R3** setzen

b) Links **Ap-sŏgi**

c) Links **Arae-makki**

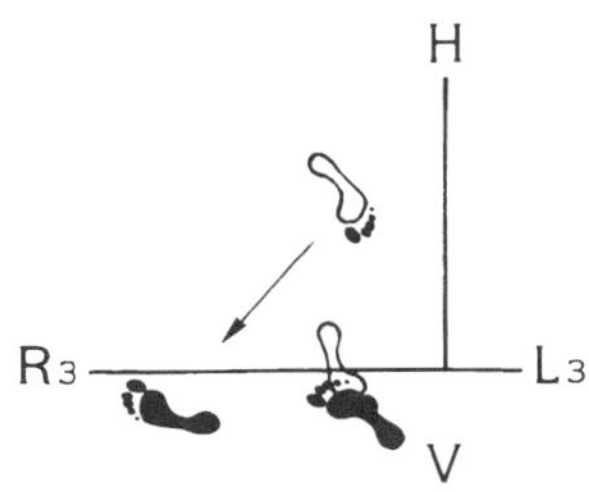

15 ➤

15.

a) Auf dem linken Fuß rechtsherum drehen und den rechten Fuß in Richtung **L3** setzen
b) Rechts **Ap-sŏgi**
c) Rechts **Arae-makki**

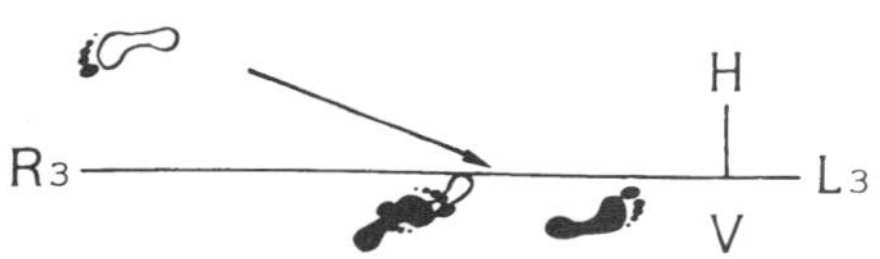

16a ➤

16.

a) Links **Ap-chagi** treten und in Richtung **L3** absetzen
b) Links **Ap-gubi**
c) **Momtong-dubŏn-jirŭgi** (mit der linken Faust zuerst)

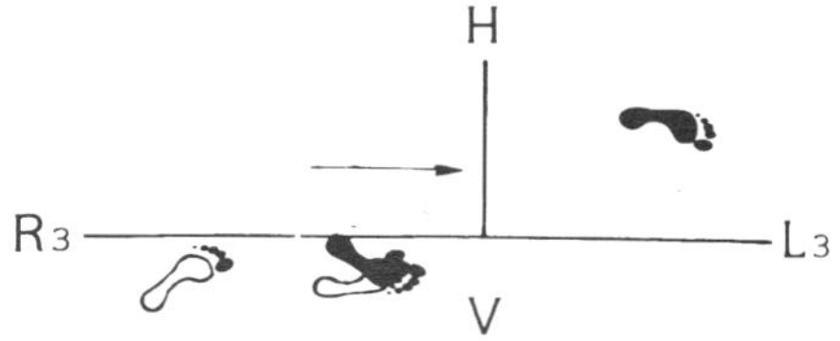

16b ➤

16c

17.

a) Auf dem rechten Fuß nach links drehen und den linken Fuß in Richtung **H** setzen
b) Links **Ap-sŏgi**
c) Links **Arae-makki** und rechts **Momtong-baro-jirŭgi** in schneller Folge

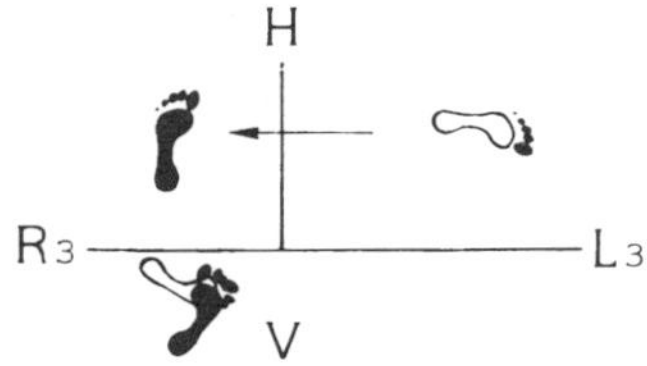

17b ➤

17a aus Richtung **H.** ➤

17b aus Richtung **H.** ➤

18a

18.

a) Rechts in Richtung **H** vorgehen
b) Rechts **Ap-sŏgi**
c) Rechts **Arae-makki** und links **Mom-tong-baro-jirŭgi** in schneller Folge

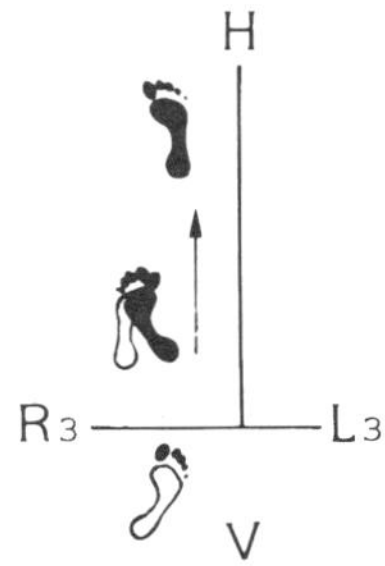

18a aus Richtung **H.** ➤

18b aus Richtung **H.**

19.

a) Links **Ap-chagi** treten und in Richtung **H** absetzen
b) Links **Ap-sŏgi**
c) **Arae-makkŏ-momtong-baro-jirŭgi** in schneller Folge

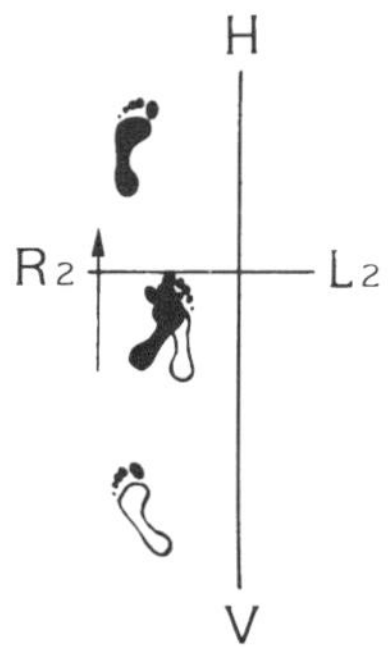

19a ➤

19a aus Richtung **H**. ➤

Dreifachkombination

Der Block *Arae-makki* fällt mit dem Abstellen des tretenden Fußes zusammen. Auch hier: bitte die Gegenbewegung der anderen Faust nicht vergessen!

19b ➤

19c

19b aus Richtung **H**. ➤

19c aus Richtung **H**.

20a ➤

20b ➤

20a aus Richtung **H.** ➤

20b aus Richtung **H.** ➤

20.

a) Rechts **Ap-chagi** treten und in Richtung **H** absetzen

b) Rechts **Ap-sŏgi**

c) **Arae-makkŏ-momtong-baro-jirŭgi** in schneller Folge mit **Gihap**

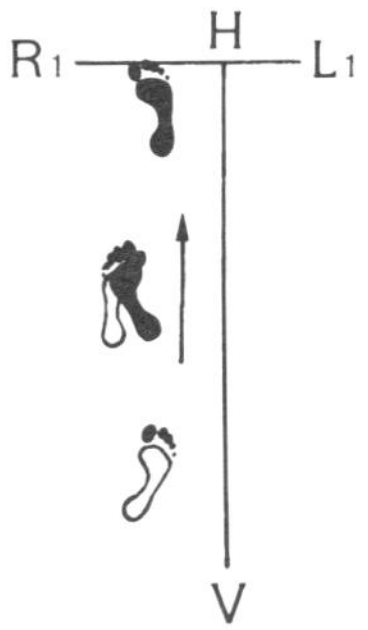

20c aus Richtung **H**.

Gŭman

a) Auf dem rechten Fuß linksherum drehen, bis das Gesicht in Richtung **V** gerichtet ist

b) **Pyonhi-sŏgi**

c) **Gibon-junbi**

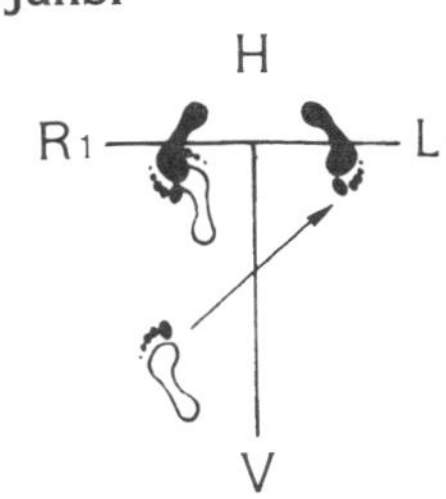

Taegŭk-sa-jang

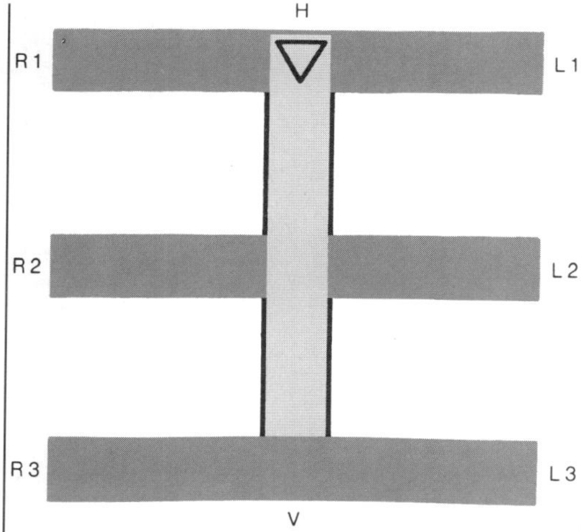

Taegŭk-sa-jang symbolisiert den Donner, das Erregende. Donner und Blitze flößen den Menschen Furcht ein. Andererseits bedeutet Donner auch Kraft und Macht. Diese Form will uns damit sagen, daß wir der Gefahr ruhig und gelassen entgegentreten und vertrauensvoll unsere eigenen Kräfte einsetzen, um ihr zu begegnen.

In diesem Sinne ist *Taegŭk-sa-jang* mit kraftvollen, zielstrebigen und rhythmischen Bewegungen ausgestattet. Die Poomse drückt Ruhe und Mut gegenüber der Gefahr aus.

Taegŭk-sa-jang wird deshalb von starken Techniken beherrscht – Kraft und Ruhe werden in ihr vor allem durch *Sonnal-makki* und *Yŏp-chagi* zum Ausdruck gebracht. Körperbeherrschung fordern *Bakkat-palmok-momtong-makki* und *Jebipum-mokchigi.* Eine Form, die inneres und äußeres Gleichgewicht verlangt.

Techniken zu Taegŭk-sa-jang

Sonnal-makki

Die Handkantenabwehr in der Mittelstufe wird der Einfachheit halber *Sonnal-makki* genannt. Sie wird in einer gleichzeitigen Bewegung beider Arme in dieselbe Richtung ausgeführt. *Sonnal-makki* ist ein sehr starker Block, da er die Kraft des gesamten Oberkörpers in die Technik einbezieht.

Zu Beginn der Abwehrbewegung befindet sich der blockende Vorderarm mit der dem Körper zugewandten Handfläche in Gesichtshöhe an der gegenüberliegenden Schulter. Der hintere Schwungarm ist leicht angewinkelt und holt in Höhe des Solarplexus mit der nach unten gedrehten Handfläche aus.

Beim Blockvorgang werden beide Arme gleichzeitig nach vorne bewegt: Während der Blockarm dieselbe Bewegung ausführt wie beim *Hansonnal-makki*, wird das Handgelenk des anderen Armes an den eigenen Solarplexus gebracht, wobei die offene Handfläche nach oben gedreht wird. Ein gleichzeitiges Eindrehen des Körpers in die Blockrichtung unterstützt den *Sonnal-makki*.

1

2

3

Sonkŭt-chirŭgi

Sonkŭt-chirŭgi ist der Fingerspitzenstich mit gestreckten und zusammengepreßten Fingern der flachen Hand.

Die Bewegung des Stiches beginnt mit der Handfläche nach oben. Am Ziel endet die Hand senkrechtstehend mit gestreckten und aneinandergepreßten Fingern.

In der Form kommt der Ellenbogen der Stichhand über den Handrücken der anderen Hand, deren Unterarm waagerecht zum Boden zu stehen kommt und rechtwinklig zum Körper angewinkelt ist.

1

2

3

1

2

3

Jebipum-sonnal-mokchigi

Die Handkantenabwehr eines Kopfangriffes mit gleichzeitigem Handkantenschlag zum Hals heißt *Jebipum-sonnal-mokchigi*. Dabei bedeutet Halsschlag nichts anderes, als daß die ausführende Handkante in Halshöhe geschlagen wird.

Der Ablauf des *Jebipum-sonnal-mokchigi* ist eine koordinierte Bewegung der Techniken *Sonnal-ŏlgul-makki* und *Sonnal-mokchigi*. Beide werden gleichzeitig ausgeführt und enden gleichzeitig.

Die blockende Handkante kommt eine Handbreit vor und knapp über der Stirn zu stehen.

Beim Handkantenschlag ist die Schulter stark vorgezogen, so daß eine etwas verdrehte Körperhaltung entsteht. Diese Haltung wird mit Jebipum bezeichnet, was Schwalbenflugform heißt. In dieser Körperhaltung steht der hintere Fuß auf dem Fußballen.

3a

Yŏp-chagi

Yŏp-chagi ist der Seitwärtstritt. Getroffen wird mit der hinteren Hälfte der Fußkante und mit dem Fersenbein der Fußsohle.

In der Anfangsphase ähnelt er dem *Ap-chagi*, wobei aber das Standbein im Verlauf der Technik auf dem Fußballen gedreht wird, bis die Ferse des Standbeins leicht nach vorne gerichtet ist.

Bei der Streckung des Trittbeins kommt es durch die Körperstreckung zum starken Hüfteinsatz. Das Bein und der Körper befinden sich auf der Längslinie, wobei der Oberkörper nicht zuviel nach unten wegkippen darf. Der Blick ist über die Schulter in Angriffsrichtung gerichtet.

Das Standbein steht bei Beendigung des Trittes mit der Sohle fest auf dem Boden.

1

2

Der Fuß des Trittbeins und dessen Zehen sind zum Schienbein hin angewinkelt. Die Fußkante steht parallel zum Boden.

Das Knie macht keine Schnappbewegung wie beim *Ap-chagi*, sondern wird etwa eine halbe Sekunde gestreckt gehalten, bevor es wieder gebeugt und der Fuß abgestellt wird.

3

4

Bakkat-palmok-momtong-makki

Bakkat-palmok-momtong-makki ist der Auswärtsblock mit dem äußeren Unterarm. Die Ausführung geschieht wie beim *Hansonnal-makki*, nur daß mit dem Unterarm geblockt wird und die geschlossene Faust in der Endstellung in Schulterhöhe ist.

1

2

3

Dŭng-jumŏk-ape-chigi

Dŭng-jumŏk-ape-chigi ist der Faustrückenschlag mit den Zeige- und Mittelfingerknöcheln. Das Ziel ist hier der Oberkiefer im Bereich zwischen der Oberlippe und der Nase.

Ausgeholt wird über der gegenüberliegenden Schulter mit dem Handrücken zum Kopf.

Der Schlag erfolgt von da aus in gerader Linie zur Körperachse nach vorne. Kurz vor dem Ziel wird die Faust mit dem Handrücken in Schlagrichtung gedreht. Bei einem etwa 90° gebeugten Arm kommt sie in Augenhöhe zum Stehen.

1

2

3

1 a

1 b ➤

Junbi

a) Mit dem Gesicht in Richtung **V** stehen, den linken Fuß zur Seite stellen
b **Pyŏnhi-sŏgi**
c) **Gibon-junbi**

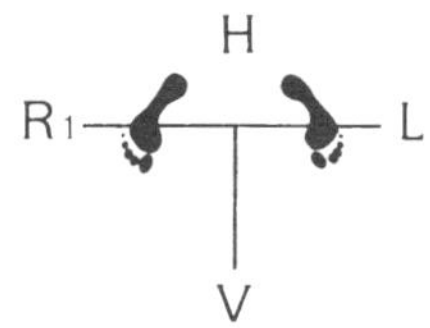

1.

a) Den linken Fuß in Richtung **L1** stellen und den Körper nach links drehen
b) Rechts **Dwit-gubi**
c) Links **Sonnal-makki**

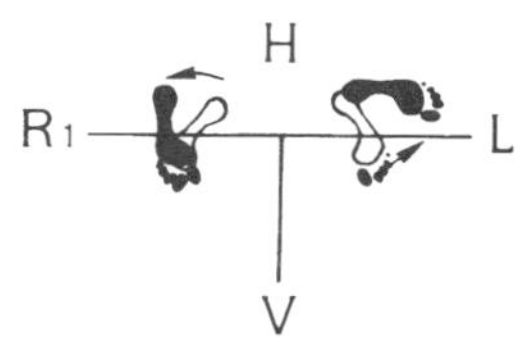

2a ➤

2.

a) Rechts in Richtung **L1** vorgehen
b) Rechts **Ap-gubi**
c) Links **Batangson-nullŏ-makki**, rechts **Sonkŭt-chirŭgi**

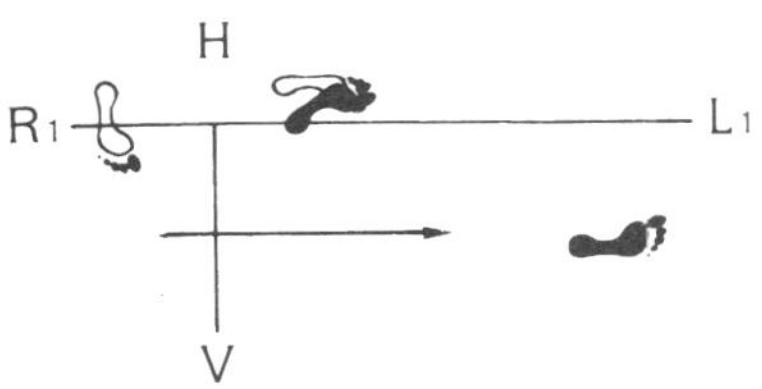

Batangson-nullŏ-makki (2a–2d)

Mit *Batangson-nullŏ-makki* werden Angriffe mit der Handfläche nach unten abgewehrt. Dabei beschreibt die offene Hand eine von außen nach innen geführte Halbkreisbewegung, deren Drehachse der Ellenbogen ist.

2b ➤

2e

2d ▲

2c ▲

Aktionsfolge der Bewegungen
1 bis 2 und 3 bis 4

1 ➤

2 ▼

4

3 ◄

3

4a

4b

3.

a) Auf dem linken Fuß rechtsherum drehen und den rechten Fuß in Richtung **R1** setzen.
b) Links **Dwit-gubi**
c) Rechts **Sonnal-makki**

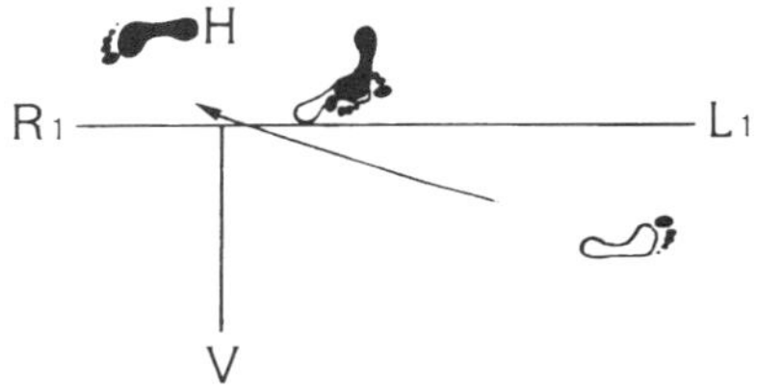

4.

a) Links in Richtung **R1** vorgehen
b) Links **Ap-gubi**
c) Rechts **Batangson-nullŏ-makki**, links **Sonkŭt-chirŭgi**

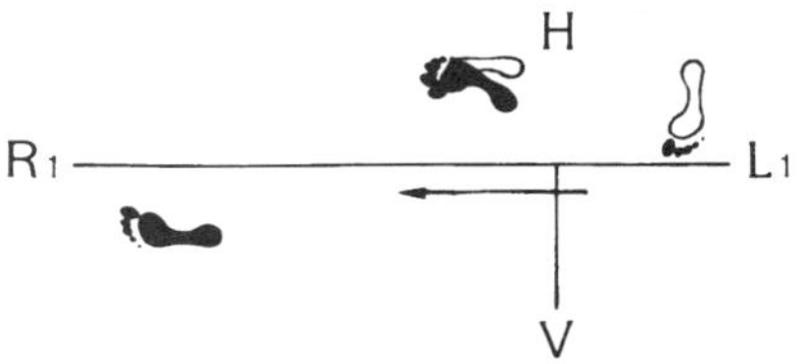

5 ➤

6a ➤

5.

a) Auf dem rechten Fuß nach links drehen und den linken Fuß in Richtung **V** setzen
b) Links **Ap-gubi**
c) **Jebipum-sonnal-mokchigi** (Körperwegdrehen mit Abwehr und Halsschlag)

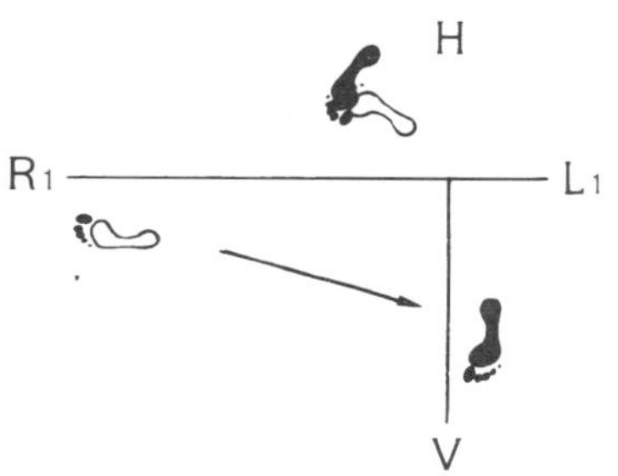

6b

6.

a) Rechts Ap-chagi treten und in Richtung **V** absetzen

b) Rechts **Ap-gubi**

c) Links **Baro-jirŭgi**

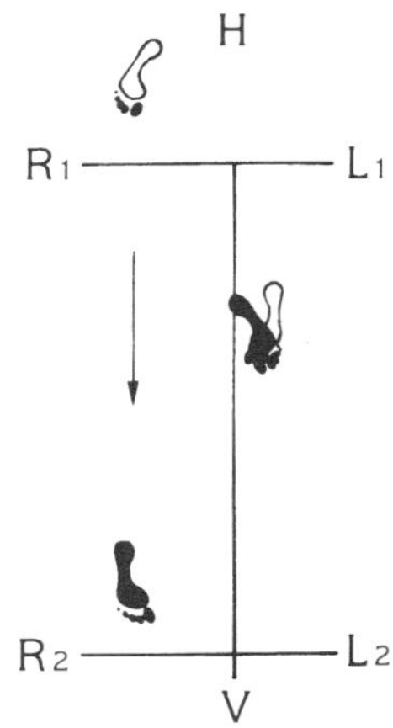

8a

8b

7c

7b

8.

a) Rechts **Yŏp-chagi** treten und in Richtung **V** absetzen

b) Links **Dwit-gubi**

c) Rechts **Sonnal-makki**

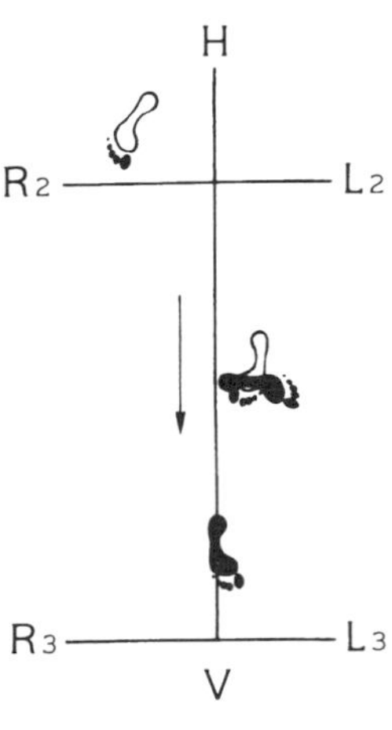

Ansicht aus Richtung **L 2**

7a ➤

Trittkombination

Die beiden *Yŏp-chagis* werden in schneller Folge ausgeführt, wobei das Knie des Trittbeins nicht wie beim *Ap-chagi* sofort wieder gebeugt wird, sondern, wie schon erwähnt, einen Augenblick lang gestreckt gehalten wird. Dieses kurze Anhalten der Streckung unterstützt den Hüfteinsatz erheblich.

Der Wechsel zwischen den Tritten ist dann allerdings möglichst schnell durchzuführen.

7.

a) Links **Yŏp-chagi** treten und in Richtung **V** absetzen
b) Links **Ap-gubi**
c) Diese und nachfolgende Bewegung so schnell wie möglich ausführen

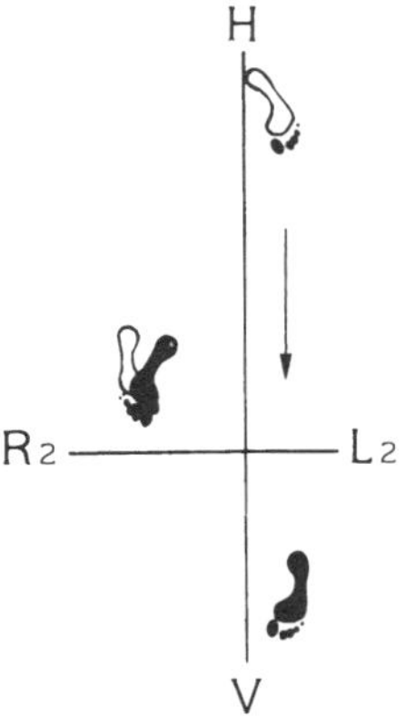

10c

10b ➤

10a ➤

10.

a) Rechts **Ap-chagi** treten und wieder zurück in die Ausgangsstellung setzen.
b) Rechts **Dwit-gubi**
c) Rechts **Momtong-an-makki**

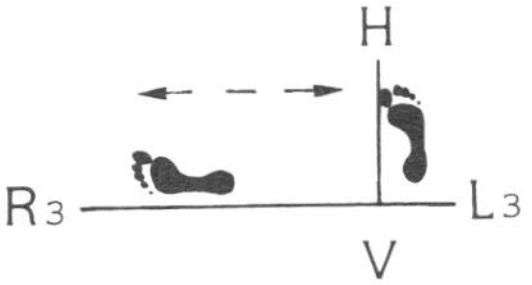

9 ➤

9.

a) Auf dem rechten Fuß linksherum drehen und den linken Fuß in Richtung **R3** setzen.
b) Rechts **Dwit-gubi**
c) Links **Pakkat-palmok-momtong-makki**

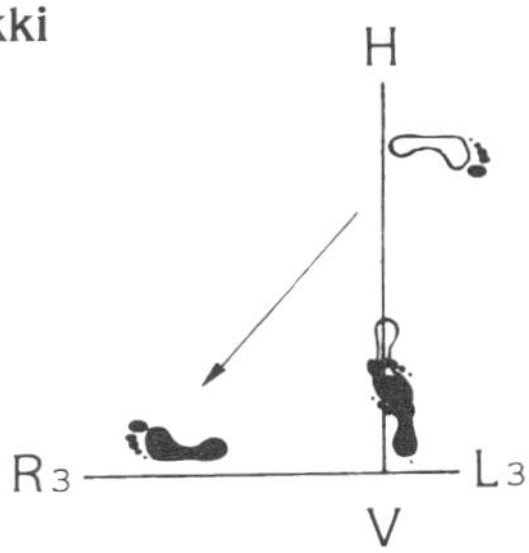

Aktionsfolge der Bewegungen
7 und 8

1 ▼

4

2 ➤

3 ▲

Aktionsfolge der Bewegungen
9 und 10

1 ▼

2 ➤

3 ▲

4

11 ➤

12a ➤

11.

a) Auf dem linken Fuß rechtsherum in Richtung **L3** drehen

b) Links **Dwit-gubi**

c) Rechts **Pakkat-palmok-momtong-makki**

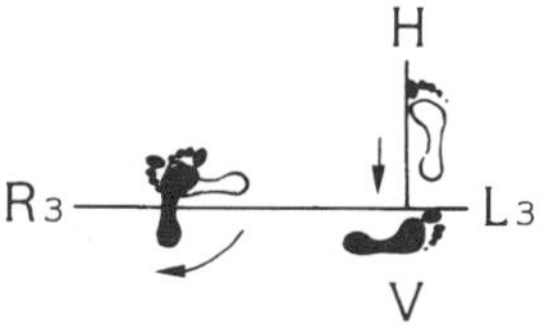

12.

a) Links **Ap-chagi** treten und wieder zurück in die Ausgangsstellung setzen

b) Links **Dwit-gubi**

c) Links **Momtong-an-makki**

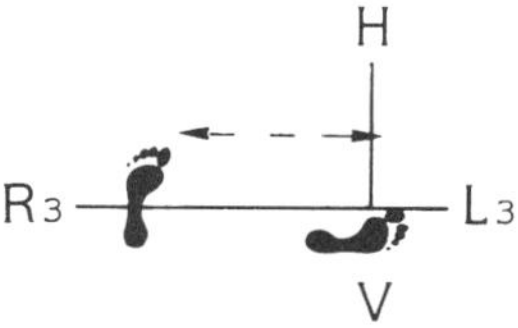

12b ➤

13

13.

a) Auf dem rechten Fuß nach links drehen und den linken Fuß in Richtung **H** setzen
b) Links **Ap-gubi**
c) **Jebipum-sonnal-mokchigi**

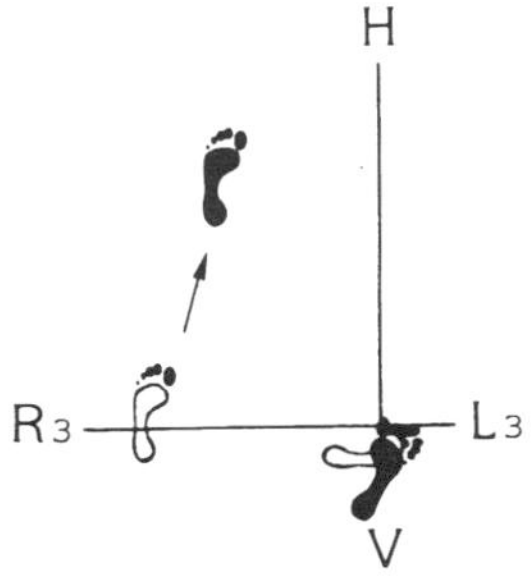

13 aus Richtung **H**.

14.

a) Rechts **Ap-chagi** treten und in Richtung **H** absetzen
b) Rechts **Ap-gubi**
c) Rechts **Dŭng-jumŏk-ape-chigi**

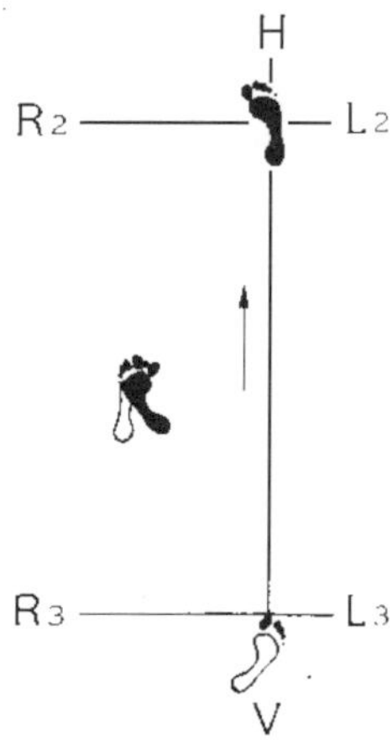

14a ➤

Bewegungsfolge aus Richtung **H**.

14a ➤

14b

14b

15c ➤

15b ➤

16a ➤

16b ➤

15a ◄

16c

15.

a) Auf dem rechten Fuß nach links drehen und den linken Fuß in Richtung **R2** setzen
b) Links **Ap-sŏgi**
c) Links **Momtong-an-makkŏ** und rechts **Momtong-baro-jirŭgi** in schneller Folge

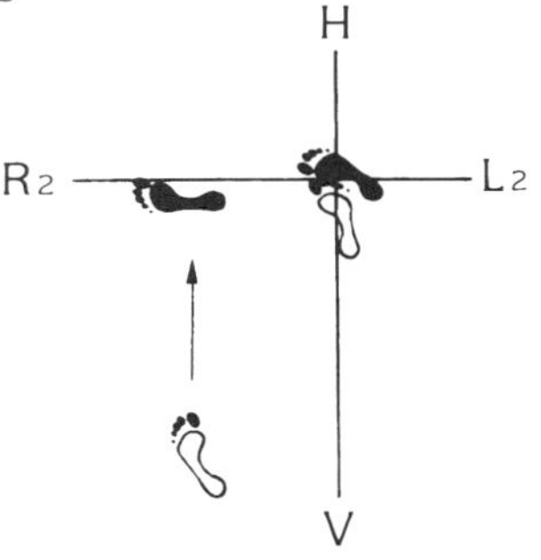

16.

a) Auf der Stelle rechtsherum in Richtung **L2** umdrehen
b) Rechts **Ap-sŏgi**
c) Rechts **Momtong-an-makkŏ** und links **Momtong-baro-jirŭgi** in schneller Folge ausführen

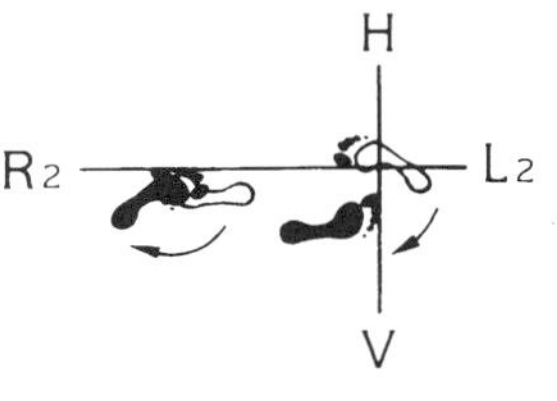

17.

a) Auf dem rechten Fuß nach links drehen und den linken Fuß in Richtung **H** setzen
b) Links **Ap-gubi**
c) Links **Momtong-an-makkŏ**, dann **Momtong-dubŏn-jirŭgi** (schnell)

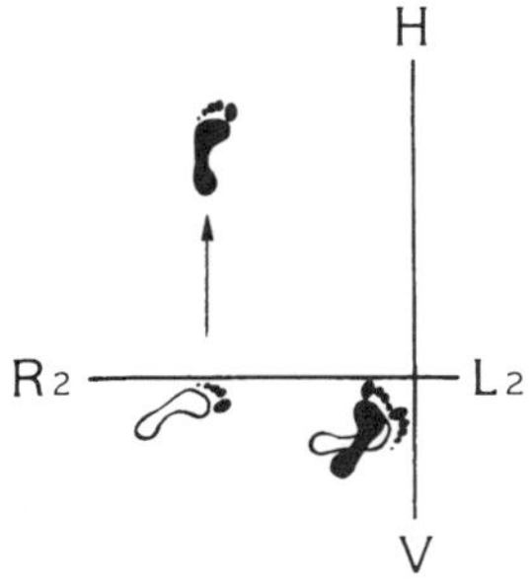

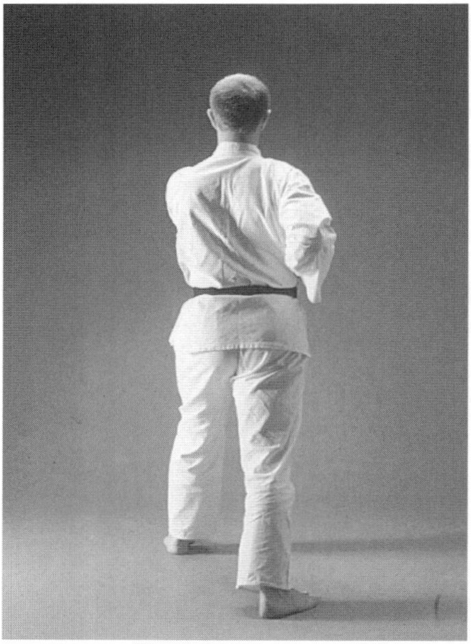

17a ➤

Bewegungsfolge aus Richtung **H**.

17b ➤

17c

18 ➤

18.

a) Rechts in Richtung **H** vorgehen
b) Rechts **Ap-gubi**
c) Rechts **Momtong-an-makkŏ**, dann **Momtong-dubŏn-jirŭgi** (schnell) mit **Gihap**

18a aus Richtung **H.** ➤

18b aus Richtung **H.** ➤

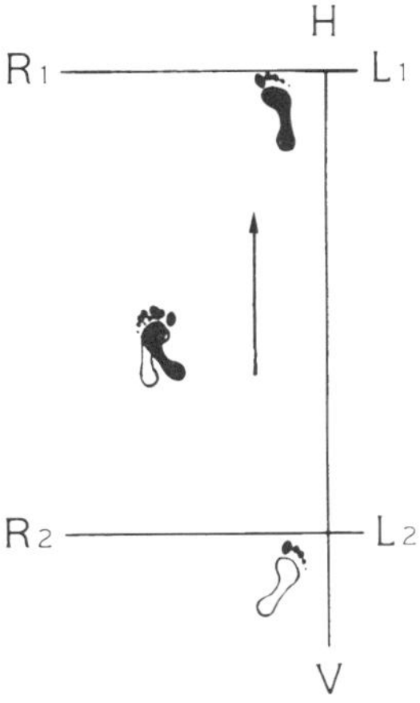

18c aus Richtung **H**.

Gŭman

a) Auf dem rechten Fuß linksherum drehen, bis das Gesicht in Richtung **V** gerichtet ist
b) **Pyŏnhi-sŏgi**
c) **Gibon-junbi**

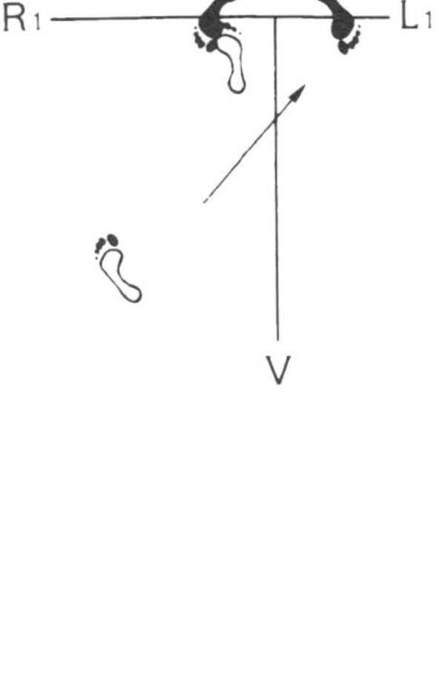

Taegŭk-oh-jang

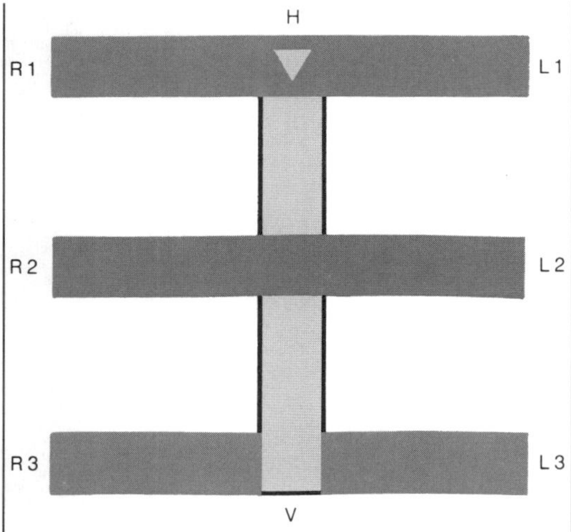

Das Symbol des *Taegŭk-oh-jang* steht für Wind, aber auch für das Sanfte. Stürme, Tornados und Orkane sind gefährlich, die sanften Winde jedoch tragen die Samen, bestäuben die Pflanzen und vertreiben die Wolken. Da Stürme selten vorkommen, ist die eigentliche Natur des Windes sanft und gutartig. Dennoch steht der Wind sowohl für Aufbau als auch für Zerstörung.

Gemäß der Natur des Windes ist *Taegŭk-oh-jang* ruhig und kraftvoll aufgebaut. Die *Poomse* ist stark rhythmisch und beherrscht. Die Ruhe und der Rhythmus werden jedoch an einigen Stellen durch starke Techniken durchbrochen, was die Symbolkraft des Windes unterstreicht.

Gemäß der Vorgabe ist *Taegŭk-oh-jang* teils ruhig, teils stürmisch und stark. Akzente setzen hier sowohl die Kombinationstechniken *Ap-chagi, Dung-jumok-ape-chigi, Momtong-an-makki* als auch *Me-jumok-* und *Palkup-chigi*.

Techniken zu Taegŭk-oh-jang

Koa-sŏgi

Bei der Kreuzstellung liegt das Hauptgewicht auf dem vorderen Standbein, während das hintere gekreuzte lediglich als Stütze dient.

Das hintere Bein liegt fest an der Wade des vorderen an und steht nur auf dem Fußballen.

Der vordere Fuß steht mit der ganzen Sohle fest auf dem Boden.

1

Me-jumŏk-chigi

Der Hammerschlag, *Me-jumŏk-chigi*, ist ein Abwärtsschlag mit dem Faustboden, wobei die Kleinfingerseite nach unten zeigt.

Seitlich ausgeführt, beschreibt die Faust vor dem Körper einen großen Bogen, um mit gestrecktem Arm von oben nach unten geschlagen zu werden.

Die Faust bleibt in Schulterhöhe stehen. Die Gegenbewegung wird durch das Zurückführen der anderen Faust an die Hüfte erzielt.

1

2

3

2

3

Palkup-chigi

Palkup-chigi ist der Ellenbogenschlag.

Aus der Hüftruhestellung wird der gebeugte Arm mit dem Ellenbogen nach vorne geführt, bis der Oberarm genau nach vorne zeigt. Auf dem Weg dorthin ergreift die andere Hand die Faust des Schlagarms und verstärkt die Schlagkraft durch einen kräftigen Zug.

Auf dem Weg des Ellenbogens zum Ziel wird die Faust mit dem Handrücken nach oben gedreht.

1

2

3

Palkup-pyojŏk-chigi

Der Ellenbogenzielschlag wird in der Anfangsphase wie *Palkup-chigi* ausgeführt. Im Unterschied dazu wird die Schulter jedoch nicht vorgezogen, und der Schlag erfolgt gegen die offene Handfläche des anderen Arms – das Ziel.

Nach dem Tritt schlägt immer der Ellenbogen des hinteren Armes.

1

Armhaltung

2

3

➤

Junbi

a) Mit dem Gesicht in Richtung **V** stehen, den linken Fuß zur Seite stellen

b) **Pyŏnhi-sŏgi**

c) **Gibon-junbi**

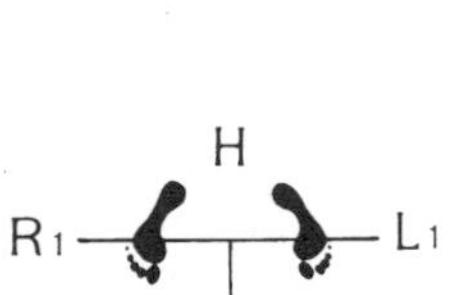

1 ➤

1.

a) Den linken Fuß in Richtung **L1** setzen und den Körper nach links drehen

b) Links **Ap-gubi**

c) Links **Arae-makki**

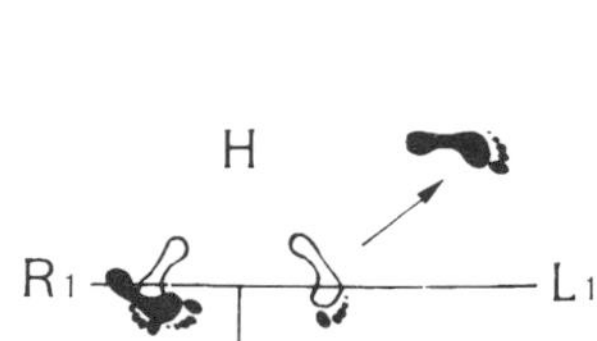

2

2.

a) Den linken Fuß zum rechten heranziehen und den Körper aufrichten, gleichzeitig mit der linken Faust vor dem Körper einen schnellen Kreisbogen beschreiben
b) **Pyŏnhi-sŏgi**
c) Links **Me-jumŏk-chigi** (1. und 2. in schneller Folge)

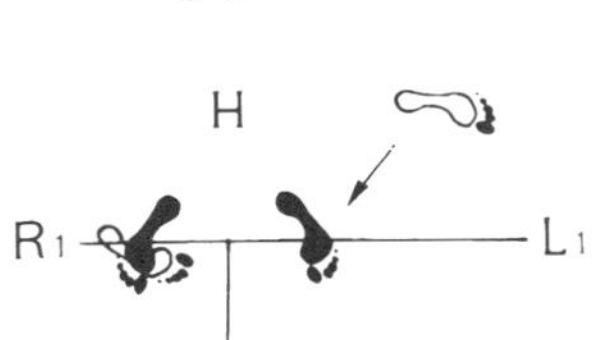

5.

a) Links in Richtung **V** vorgehen
b) Links **Ap-gubi**
c) Erst links, dann rechts **Momtong-an-makki**

Doppelbewegung

Diese und folgende Doppelbewegungen werden schnell und rhythmisch ausgeführt, wobei die Gegenbewegungen vollständig ausgeführt sein müssen. Zu diesem Zweck **muß** die Faust, die in der vorangegangenen Technik in Ausgangsstellung zur Hüfte ging, aus dieser gelöst werden, um die Gegenbewegung ausführen zu können.

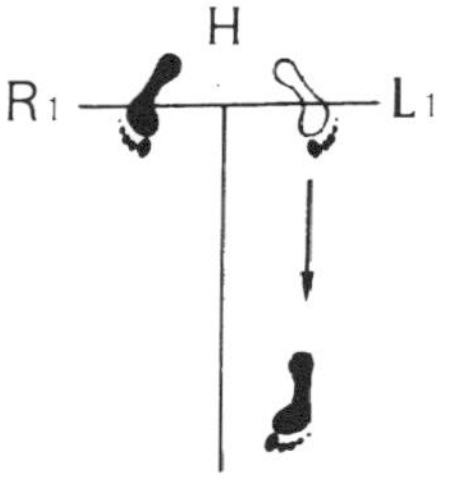

5a

5b

5c

4 ➤

4.

a) Den rechten Fuß zum linken heranziehen und den Körper aufrichten, gleichzeitig mit der rechten Faust vor dem Körper einen schnellen Kreisbogen beschreiben
b) **Pyŏnhi-sŏgi**
c) Rechts **Me-jumŏk-chigi** (3. und 4. in schneller Folge)

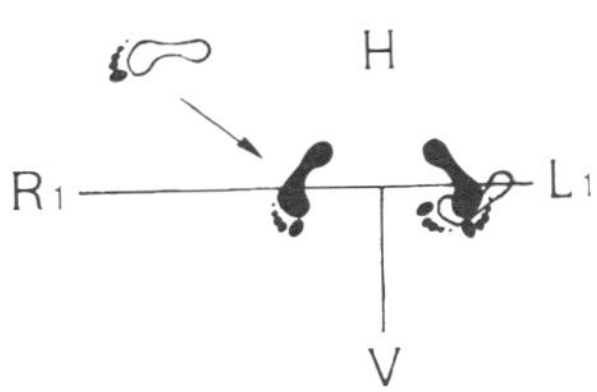

3 ➤

3.

a) Den rechten Fuß in Richtung **R1** setzen und den Körper nach rechts drehen
b) Rechts **Ap-gubi**
c) Rechts **Arae-makki**

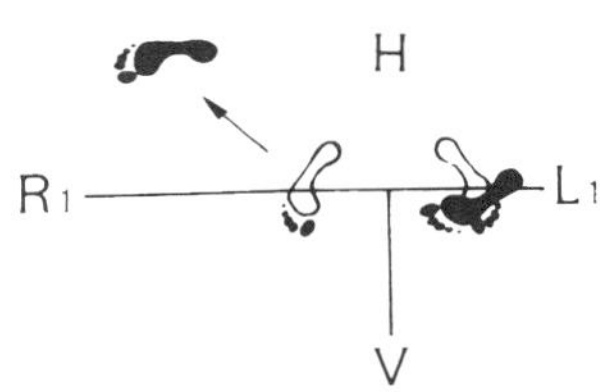

6.

a) Rechts **Ap-chagi** treten und in Richtung **V** absetzen

b) Rechts **Ap-gubi**

c) Rechts **Dŭng-jumŏk-ape-chigi,** anschließend links **Momtong-an-makki**

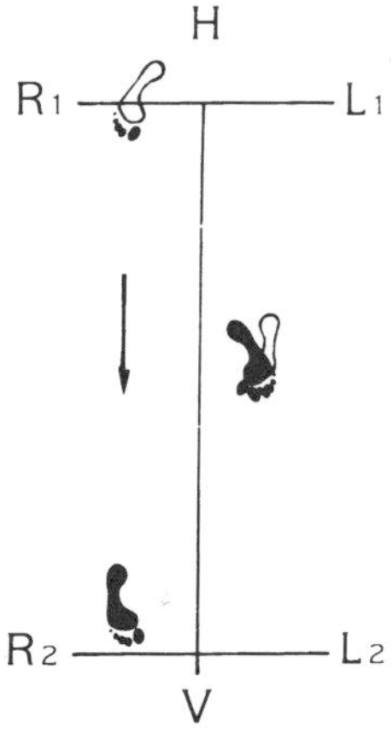

6a ➤

6b ➤

6c ▼

6d ◄

6e

Aktionsfolge der Bewegungen
5 und 6

1 ▼

2 ▼

3 ➤

6

5 ▲

4 ▲

7.

a) Links **Ap-chagi** treten und in Richtung **V** absetzen

b) Links **Ap-gubi**

c) Links **Dŭng-jumŏk-ape-chigi,** anschließend rechts **Momtong-an-makki**

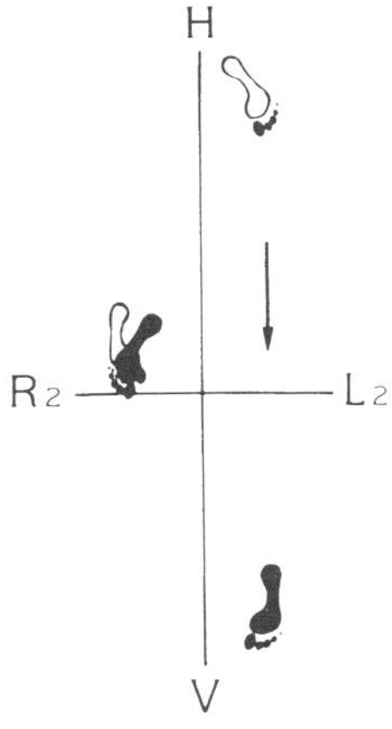

11.

a) Auf dem linken Fuß rechtsherum drehen und den rechten Fuß in Richtung **L3** setzen
b) Links **Dwit-gubi**
c) Rechts **Hansonnal-makki**

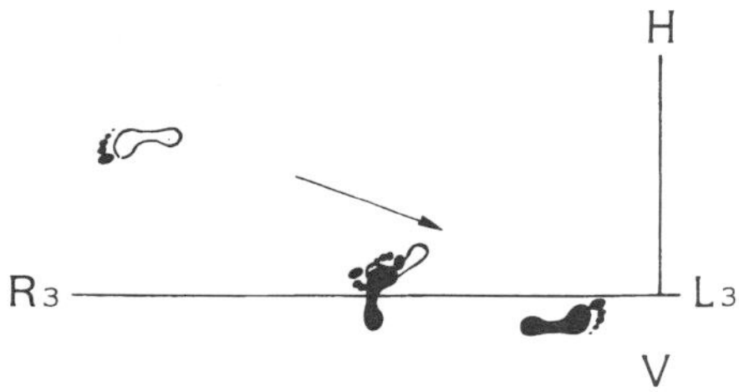

11

10.

a) Rechts in Richtung **R3** vorgehen
b) Rechts **Ap-gubi**
c) Rechts **Palkup-chigi** (die linke Hand zieht dabei die rechte Faust)

10 ◄

9.

a) Auf dem rechten Fuß linksherum drehen und den linken Fuß in Richtung **R3** setzen
b) Rechts **Dwit-gubi**
c) Links **Hansonnal-makki**

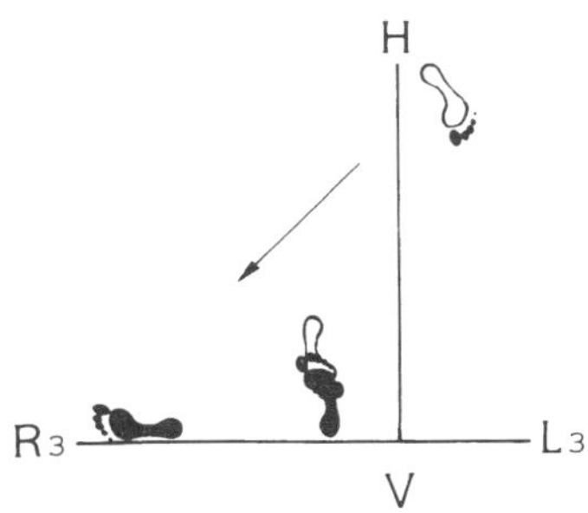

9 ➤

8.

a) Rechts in Richtung **V** vorgehen
b) Rechts **Ap-gubi**
c) Rechts **Dŭng-jumŏk-ape-chigi**

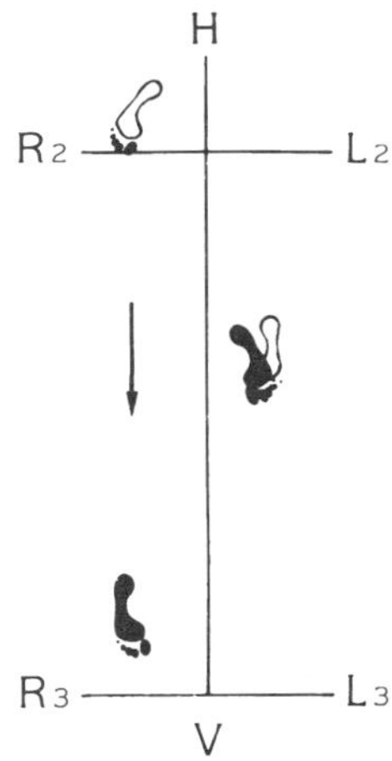

8 ➤

12.

a) Links in Richtung **L3** vorgehen
b) Links **Ap-gubi**
c) Links **Palkup-chigi** (die rechte Hand zieht dabei die linke Faust)

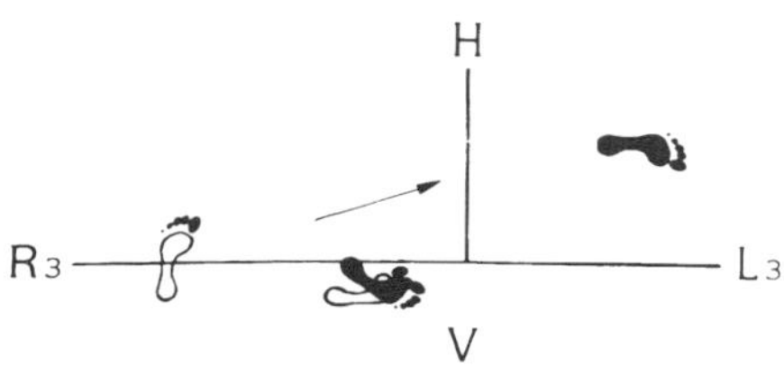

12

13

13.

a) Auf dem rechten Fuß nach links drehen und den linken Fuß in Richtung **H** setzen

b) Links **Ap-gubi**

c) Links **Arae-makkŏ**, rechts **Momtong-an-makki**

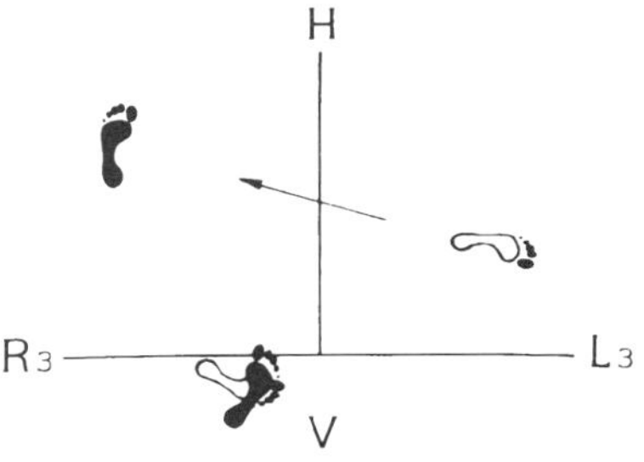

13a aus Richtung **H.** ➤

13b aus Richtung **H.**

14.

a) Rechts **Ap-chagi** treten und in Richtung **H** absetzen
b) Rechts **Ap-gubi**
c) Rechts **Arae-makkŏ**, links **Momtong-an-makki**

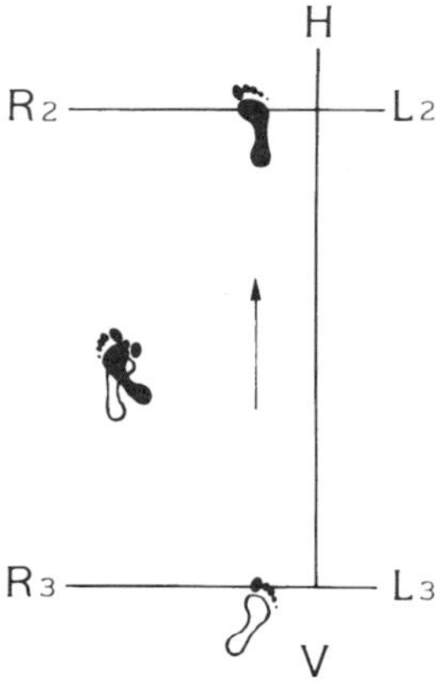

Bewegungsfolge aus Richtung **H**.

14a ➤

14a

14b ➤

14c ➤

14b

14c

16c

16b ➤

16a ➤

16.

a) Rechts **Yŏp-chagi** treten und in Richtung **R2** absetzen
b) Rechts **Ap-gubi**
c) Links **Palkup-pyojŏk-chigi** (gegen rechte Handfläche)

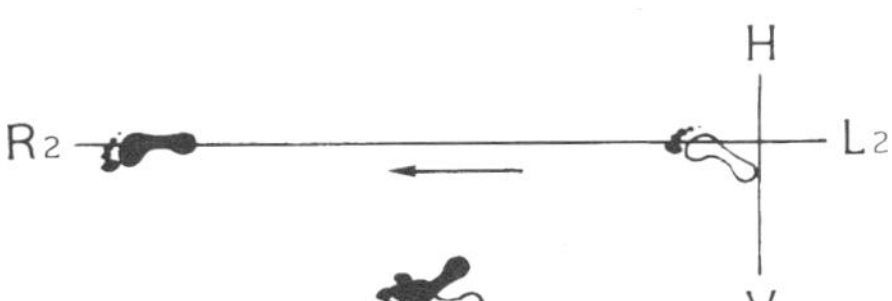

15 ➤

15.

a) Auf dem rechten Fuß nach links drehen und den linken Fuß in Richtung **R2** setzen
b) Links **Ap-gubi**
c) Links **Ŏlgul-makki**

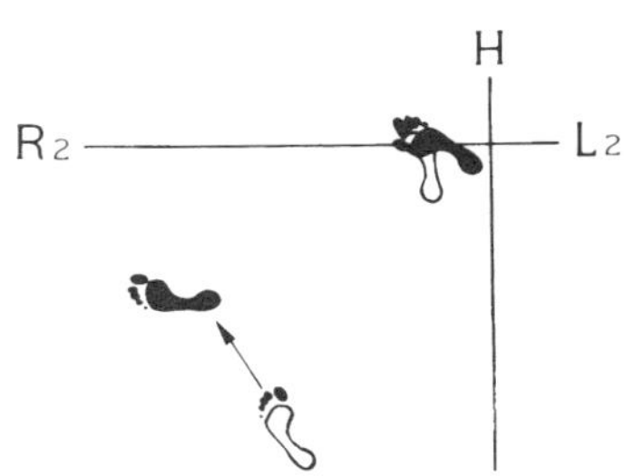

Aktionsfolge der Bewegungen 15 und 16

1 ▼

2 ▼

3 ➤

5

4 ▲

17.

a) Auf dem linken Fuß rechtsherum drehen und den rechten Fuß in Richtung **L2** setzen
b) Rechts **Ap-gubi**
c) Rechts **Ŏlgul-makki**

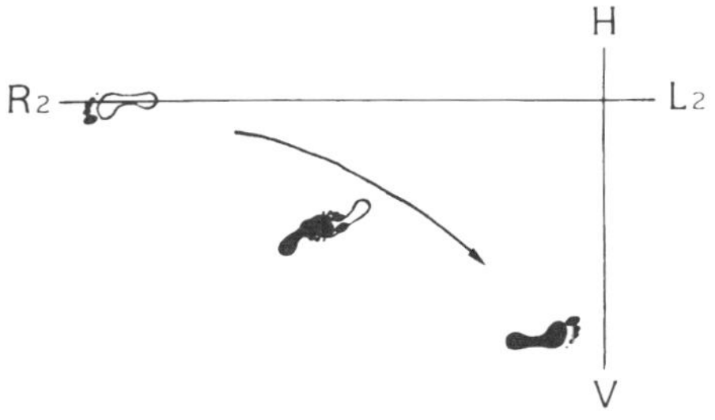

18.

a) Links **Yŏp-chagi** treten und in Richtung **L2** absetzen
b) Links **Ap-gubi**
c) Rechts **Palkup-pyojŏk-chigi** (gegen die linke Handfläche)

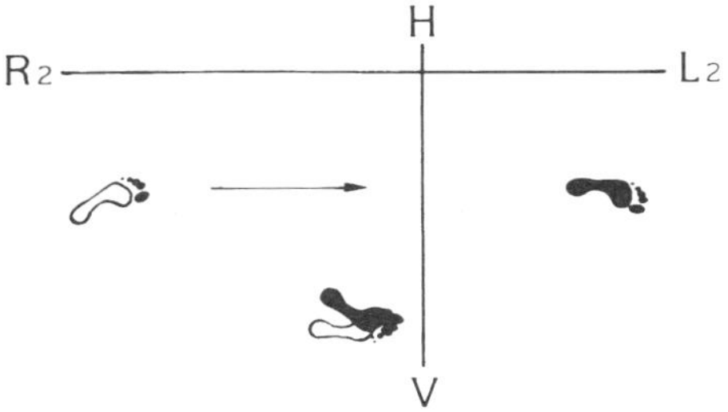

19.

a) Auf dem rechten Fuß nach links drehen und den linken Fuß in Richtung **H** setzen
b) Links **Ap-gubi**
c) Links **Arae-makkŏ**, rechts **Momtong-an-makki**

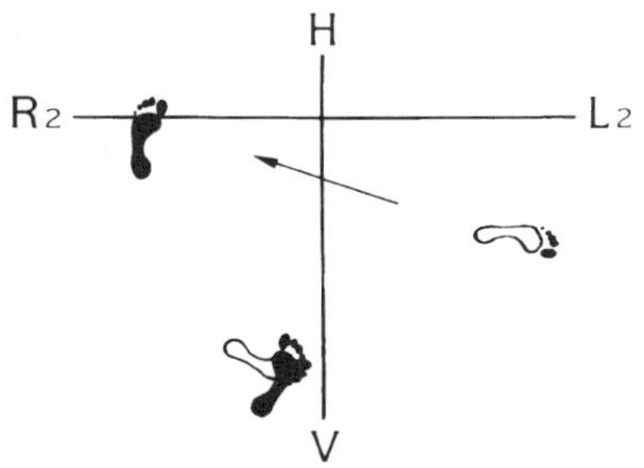

19a

19a aus Richtung **H**. ➤

19b aus Richtung **H**.

Aktionsfolge der Bewegungen 19 und 20

1

2

3

4

20a ➤

20b ➤

20.

a) Rechts **Ap-chagi** treten und in einem Gleitsprung in Richtung **H** schnell absetzen
b) Rechts **Koa-sŏgi**
c) Rechts **Dŭng-jumŏk-ape-chigi** mit **Gihap**

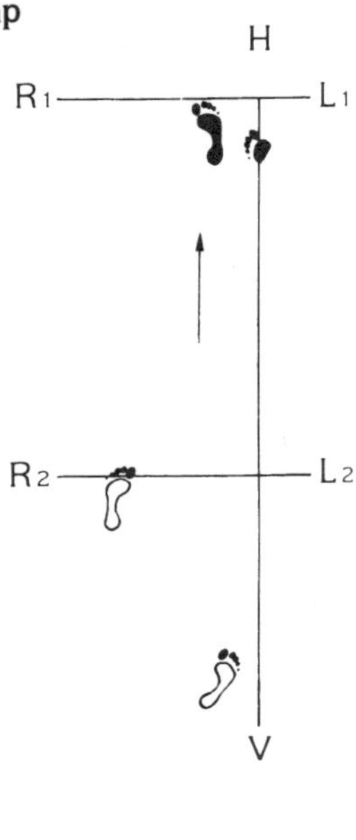

20b aus Richtung **H**. ➤

20c ➤

20c aus Richtung **H**.

Gŭman

a) Auf dem rechten Fuß linksherum drehen, bis das Gesicht in Richtung **V** weist
b) **Pyŏnhi-sŏgi**
c) **Gibon-junbi**

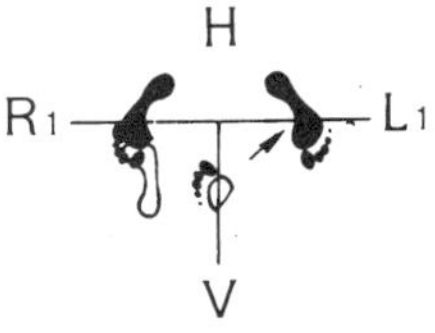

Kyŏk-pa – der Bruchtest

Kyŏk-pa ist neben *Poomse* ein weiterer fester Bestandteil des Taekwondo, wo es besonders auf eine genaue Technik unter größtmöglicher Kraftentfaltung ankommt. Beim Bruchtest wird die Wirksamkeit der Taekwondo-Techniken unter Beweis gestellt, indem Bretter oder Steine mit den geübten Techniken der Hände und Füße zerbrochen werden.

Doch nicht nur Technik, Schnelligkeit und Kraft sind für eine gelungene Bruchtestdemonstration maßgebend, sondern auch Genauigkeit und Konzentration. Die geistige Konzentration versetzt den Ausübenden in die Lage, alle inneren und äußeren Kräfte auf einen einzigen Punkt zu bringen, den Punkt des Auftreffens.

Bruchtests an von Partnern gehaltenen Brettern bergen besondere Schwierigkeiten in sich. Die Bretthalter dürfen nicht nachgeben, sondern müssen beim Auftreffen der Bruchtechnik starr und fest halten. Um dies zu erreichen, müssen sie fest in Ap-gubi stehen, wobei sich die oben haltenden Hände überkreuzen. Die Halter müssen ihre Körper kurz vor dem Auftreffen der Bruchtechnik anspannen, um der Wucht des Stoßes nicht nachzugeben.

Das Brett

Damit man das Brett bequem halten kann, sollte es mindestens 30 x 30 cm messen.

Für Kinder bis 13 Jahre sollten die Bretter nicht stärker als 1,5 cm sein.

Die Bretter für 14- und 15jährige Jugendliche sollten eine Stärke von 2 cm, für 16- und 17jährige von 2,5 cm haben.

Erwachsene ab 18 Jahren sollten Bretter ab 3 cm Stärke zerbrechen können.

Ap-chagi

Zur Prüfung zum 4. Kup, dem Blaugurt, kann der *Ap-chagi-kyŏk-pa* verlangt werden. Das Brett wird dazu etwas schräg nach unten in Solarplexushöhe eingestellt.

Nach der Konzentration in *Junbi-sŏgi* nimmt man die *Ap-gubi*-Stellung ein, prüft den Abstand zum Brett und führt anschließend mit einem *Gihap* den *Ap-chagi* gegen das Brett. Danach wird wieder *Junbi-sŏgi* eingenommen.

Dollyo-chagi

Der Prüfer kann auch den *Dollyo-chagi*, der in einem Halbkreis das Ziel von der Seite mit dem Fußballen trifft, verlangen. Wie bei *Ap-chagi* handelt es sich um einen Schnapptritt.

Das Brett wird in Kopf- oder Brusthöhe senkrecht zum Boden gehalten.

Der Ablauf dieses Bruchtests ist wie oben beschrieben, nur daß der Ausführende seitlich zum Brett in Dwit-gubi steht. Bei der Ausführung wird der Körper auf dem Fußballen in Trittrichtung gedreht.

UNSER TIP

Ju-Jutsu 1
Grundtechniken
Moderne Selbstverteidigung
(0276) Von W. Heim, F. J. Gresch, 164 S., 450 s/w-Fotos, 8 Zeichn., kart.,
DM 14,90, S 119,–, SFr 15,90

Taekwondo
Koreanischer Kampfsport
(0347) Von K. Gil, 152 S., 408 Abb., kart.,
DM 16,80, S 139,–, SFr 16,80

Aikido
Lehren und Techniken des harmonischen Weges
(0537) Von R. Brand, 280 S., 697 Abbildungen, kartoniert,
DM 19,90, S 159,–, SFr 19,90

Kung Fu und Tai Chi
Grundlagen · Bewegungsabläufe · Körperschule
(0367) Von B. Tegner, 182 S., 370 s/w-Fotos, kartoniert,
DM 19,90, S 159,–, SFr 19,90

Karate 1
Einführung · Grundtechniken
(0227) Von A. Pflüger, 144 S., 195 s/w-Fotos, 120 Zeichnungen, kartoniert,
DM 9,80, S 79,–, SFr 10,80

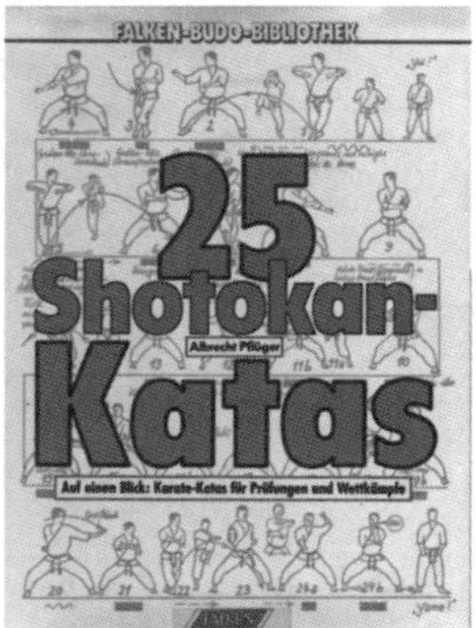

25 Shotokan-Katas
Auf einen Blick: Karate-Katas für Prüfungen und Wettkämpfe
(0859) Von A. Pflüger, 88 S., 185 s/w-Abbildungen, 24 Tafeln mit über 1600 Einzelschritten, kartoniert,
DM 19,80, S 159,–, SFr 19,80

FALKEN
Der Spezialist für nützliche Bücher.

Falls durch besondere Umstände Preisänderungen notwendig werden, erfolgt Auftragserledigung zu dem bei der Lieferung gültigen Preis.

NÜTZLICHE RATGEBER

EINE AUSWAHL

Stand: Frühjahr 1994

Hobby und Freizeit

Falken-Handbuch
Zeichnen und Malen
(**4167**-5) Von B. Bagnall, 336 S., 1154 Farbzeichnungen, Pappband. ●●●●●

Kreativ Zeichnen
(**4688**-X) Von B. Bagnall, 176 S., zahlr. Farbabb., Pappband. ●●●●

Punkt, Punkt, Komma, Strich
Zeichnen leicht gemacht
(**4721**-5) Von H. Witzig, 144 S., 512 s/w-Zeichnungen, Pappband. ●●

Punkt, Punkt, Komma, Strich
Zeichenstunde für Kinder
(**0564**-4) Von H. Witzig, 144 S., über 250 Zeichnungen, kart. ●

Einmal grad und einmal krumm
Zeichenstunde für Kinder
(**0599**-7) Von H. Witzig, 144 S., 363 Abb., kartoniert. ●

Figürliches Zeichnen
leicht gemacht
(**1010**-9) Von H. Witzig, 112 S., 462 Figuren, kartoniert. ●

Airbrush
Kreatives Gestalten mit dem Luftpinsel
(**1133**-4) Von C. M. Mette, 80 S., 145 Farbfotos, 40 Farbzeichnungen, kartoniert. ●●

Kalligraphie
Die Kunst des schönen Schreibens
(**4263**-9) Von C. Hartmann, 120 S., 44 Farbvorlagen, 29 s/w-Vorlagen, 2 s/w-Zeichnungen, 38 Farbfotos, Pappband. ●●●●

Gestalten mit Schrift
Kalligraphie
(**1044**-3) Von I. Schade, 80 S., 2 Farb- und 1 s/w-Foto, 143 Farbzeichnungen, kart. ●●

Hobby Aquarellmalen
Landschaft und Stilleben
(**0876**-7) Von I. Schade, A. Brück, 80 S., 111 Farbabb., kart. ●●

Technik · Gestaltung · Ausdruck
Aquarellmalerei
Von der Realität zum Bild
(**4529**-8) Von Prof. W. Wrisch, 136 Seiten, 172 farb. Abbildungen, 5 s/w-Abbildungen, 46 Zeichnungen, Pappband. ●●●●

Hobby Ölmalerei
Landschaft und Stilleben
(**0875**-9) Von H. Kämper, I. Becker, 80 S., 93 Farbabb., kart. ●●

FALKEN
Lexikon der Seidenmalerei
Mit großer Farbmischtabelle
(**4737**-1) Von K. Huber, 208 S., 192 Farbfotos, Pappband. ●●●●

Seidenmalerei in Vollendung
(**4414**-3) Hrsg. von R. Smend, 160 S., 227 Farbfotos, 36 s/w-Fotos, geprägter Leineneinband mit Schutzumschlag, im Schuber. ●●●●●

Seidenmalerei
Westen · Blusen · Hosen
(**1455**-4) Von C. Köhl, ca. 64 Seiten, durchgehend vierfarbig, zahlreiche Abbildungen, mit Vorlagebogen, kartoniert. ●●

Seidenmalerei und Modedesign
Modelle · Techniken · Schnittmuster
(**4476**-3) Von B. Hansen, 176 S., 140 Farbf. 93 Farb-, 68 s/w-Zeichn., Pappband. ●●●●

Seidenmalerei Exklusive Tücher
(**1303**-5) Von E. Schwinge, 80 S., 79 Farbfotos, 6 Zeichnungen, kart. ●●

Kreative Seidenmalerei
Motive · Muster · Farbenspiel
(**4720**-7) Von M. Neubacher-Fesser, ca. 136 S., zahlr. Farbabb., Pappband. ●●●●

Seidenmalerei
Muster über Muster
20 Künstlerinnen präsentieren 120 Ideen
(**4744**-4) 128 S., 188 Farbabbildungen, Pappband. ●●●●

Seidenmalerei
Die wichtigsten Techniken Schritt für Schritt
(**1357**-4) Von B. Hansen, 64 S., 97 Farbfotos, kartoniert. ●●

Seidenmalerei als Kunst und Hobby
(**4264**-7) Von S. Hahn, 136 S., 256 Farbfotos, 1 s/w-Foto, Pappband. ●●●●

Neue zauberhafte Seidenmalerei
Motive und Anregungen aus der Natur
(**0924**-0) Von R. Henge, 80 S., 148 Farbfotos, 27 s/w-Zeichnungen, kart. ●●

Krawatten, Tücher und Fliegen individuell gestalten
Seidenmalerei
(**1242**-X) Von A. Reichmann, 64 S., durchgehend vierfarbig, kart. ●●

Aquarellieren auf Seide
Materialien · Techniken · Motive
(**0917**-8) Von I. Demharter, 32 S., 41 Farbfotos, Pappband. ●

Airbrush auf Seide
(**1342**-6) Von I. Demharter, 64 S., zahlreiche Farbabbildungen, kart. ●●

Airbrush Seidenmalerei
Mit Vorlagen für Schablonen
(**1356**-6) Von C. M. Mette, 80 S., 129 Farbf., kartoniert. ●●●

Seidenmalerei Bäume und Blätter
(**5249**-9) Von D. Kosik, 32 S., 5 Farbfotos, 23 Farb- u. 13 s/w-Zeichungen, kart. ●

Seidenmalerei Landschaften
(**5153**-0) Von D. Kosik, 32 S., 50 Farbfotos, 12 Zeichnungen, mit Vorlagebogen in Originalgröße, kart. ●

Seidenmalerei Kissen
(**5151**-4) Von I. Demharter, 32 S., 42 Farbfotos, 2 Zeichnungen, mit Vorlagebogen in Originalgröße, kart. ●

Seidenmalerei Blusen und T-Shirts
(**5184**-0) Von A. Keller, 32 S., 28 Farbfotos, 12 Zeichnungen, mit Vorlagebogen in Originalgröße, kartoniert. ●

Seidenmalerei Tücher und Schals
(**5152**-2) Von R. Henge, 32 S., 36 Farbfotos, 1 Zeichnungen, mit Vorlagebogen in Originalgröße, kart. ●

Seidenmalerei Tiermotive
(**5204**-9) Von A. Keller, 32 S., 37 Farbfotos, mit Vorlagebogen in Originalgröße, kart. ●

Serti Designo
Seidenmalerei mit Kreidestiften
(**5208**-1) Von S. Tichy-Gibley, 32 S., 46 Farbfotos, mit Vorlagebogen in Originalgröße, kart. ●

Seidenmalerei Lampenschirme
(**5154**-9) Von I. Walter-Ammon, 32 S., 47 Farbfotos, 1 Zeichnung, mit Vorlagebogen in Originalgröße, kart. ●

Seidenmalerei Blüten, Blätter, Ranken
(**5165**-4) Von D. Kosik, 32 S., 35 Farbfotos, 4 Zeichnungen, mit Vorlagebogen in Originalgröße, kart. ●

Seidenmalerei Schmuckkarten und Miniaturbilder
(**5166**-2) Von I. Walter-Ammon, 32 S., 37 Farbfotos, 2 Zeichnungen, mit Vorlagebogen in Originalgröße, kart. ●

Akzente mit Perlen, Pailetten und Straß
Seidenmalerei
(**5248**-0) Von A. Keller, 32 S., ca. 50 Farbf., mit Vorlagebogen in Originalgröße, kart. ●

Seidenmalerei Bilder in Konturentechnik
(**5182**-4) Von I. Demharter, 32 S., 28 Farbfotos, 2 Zeichnungen, mit Vorlagebogen in Originalgröße, kart. ●

Seidenmalerei Applikationen
(**5224**-3) Von J. Bressau, 32 S., 50 Farbfotos, mit Vorlagebogen in Originalgröße, kart. ●

Apartes aus bemalter Seide
(**5274**-X) Von E. Möller, 48 Seiten, durchgehend vierfarbig, kartoniert. ●

Malen auf Seide
kinderleicht
(**5218**-9) Von R. Henge, 32 S., 11 Farbfotos, 44 Farbzeichn., Vorlagebogen, kartoniert. ●

Moderne Stoffmalerei
(**1358**-2) Von H. Sander, 64 S., 73 Farbf., 50 s/w-Zeichn., kart. ●●

Perfekt Stricken
Mit Sonderteil Häkeln.
(**4250**-7) Von H. Jaacks, 256 S., 703 Farbfotos, 169 Farb- und 121 s/w-Zeichnungen, Pappband. ●●●●

Das moderne Standardwerk
Nähen
(**4709**-6) Von S. von Rudzinski, 176 S., vierfarbig, Pappband. ●●●●

Stoffpuppen
nach alten Vorbildern
(**5281**-2) Von M. Meinesz, 48 S., durchgehend vierfarbig, mit Vorlagebogen, kart. ●

Heißgeliebte Teddys
Selbermachen · Sammeln · Restaurieren
(**0900**-3) Von H. Nadolny und Y. Thalheim, 80 Seiten, 118 Farbfotos, kartoniert. ●●●

Die hier vorgestellten Bücher, Videokassetten und Software sind in folgende Preisgruppen unterteilt:

● Preisgruppe bis DM 10,–/S 79,–/SFr 11,–
●● Preisgruppe über DM 10,– bis DM 20,– S 80,– bis S 160,– SFr 10,– bis SFr 21,–
●●● Preisgruppe über DM 20,– bis DM 30,– S 161,– bis S 240,– SFr 21,– bis SFr 30,–
●●●● Preisgruppe über DM 30,– bis DM 50,– S 241,– bis S 400,– SFr 30,– bis SFr 50,–
●●●●● Preisgruppe über DM 50,–/S 401,–/SFr 50,–
* (unverbindliche Preisempfehlung)

Die Preise entsprechen dem Status beim Druck dieses Verzeichnisses (s. Seite 1) – Änderungen, im besonderen der Preise, vorbehalten –

Falken-Verlag GmbH · Postfach 1120 FALKEN **D-65521 Niedernhausen/Ts. · Tel.: 0 61 27 / 70 20**

Marionetten
selbst bauen und führen
(**1043**-5) Von D. Köhnen, 80 S., 150 Farbfotos, mit Schnittmusterbogen, kartoniert. ●●

Hampelmänner
Basteln mit Kindern ab 5 Jahren
(**5240**-5) Von F. Michalski, 32 S., ca. 50 Farbabb., mit Vorlagebg. in Originalgröße, kart. ●

Künstlerpuppen
im 20. Jahrhundert
(**4719**-3) Hrsg. R. Höckh, 160 S., 192 Farbfotos, 26 s/w-Fotos, Pappband. ●●●●●

Charakterpuppen
aus Cernit und Porzellan selbst gestalten
(**1156**-3) Von S. Becker, 64 S., 143 Farbfotos, 30 Zeichnungen, 13 Vignetten, mit Schnittmusterbogen, kartoniert. ●●

Puppen zum Liebhaben
(**5199**-9) Von B. Wehrle, 32 S., 27 Farbfotos, 9 s/w-Zeichnungen, mit Vorlagebogen in Originalgröße, kartoniert. ●

Basteln mit Kindern
Moosgummi
(**5271**-5) Von A. und R. Schurr, 48 S., durchgehend vierfarbig, mit Vorlagebogen, kart. ●

Neue zauberhafte Salzteig-Ideen
(**0719**-1) Von I. Kiskalt, 80 S., 324 Farbfotos, 12 Zeichnungen, Schablonen, kart. ●●

Salzteig kinderleicht
(**0973**-9) Von I. Kiskalt, 80 S., 224 Farbfotos, 8 Zeichnungen, kartoniert. ●●

Hobby Salzteig
(**0662**-4) Von I. Kiskalt, 80 S., 150 Farbfotos, 5 Zeichnungen und Schablonen, kart. ●●

Kreatives gestalten mit Ton
Töpfern ohne Scheibe – Aufbaukeramik
(**0896**-1) Von A. Riedinger, 80 S., 207 Farbfotos, 16 Zeichnungen, 7 Vignetten, kart. ●●

Kreatives Gestalten mit Ton
Töpfern auf der Scheibe
(**0971**-2) Von A. Riedinger, 80 S., 28 Farb- und 3 s/w-Zeichnungen, 178 Farbf., kart. ●●

Kneten und Modellieren
kinderleicht
(**5217**-0) Von V. Ettelt, 32 S., 12 Farbtafeln, 72 Farbzeichnungen, Vorlagebogen, kart. ●

Hobby Glaskunst in Tiffany-Technik
(**0781**-7) Von N. Köppel, 80 S., 194 Farbfotos, 6 s/w-Abbildungen, kartoniert. ●●

Tiffany-Technik
und andere kunstvolle Arbeiten in Glas
(**0972**-0) Von D. Köhnen, 80 S., 176 Farbfotos, 5 s/w-Zeichnungen, kartoniert. ●●

Ikebana
Grundstile und Variationen
(**4749**-5) Von E. Schwalm, 112 Seiten, ca. 165 Farbfotos, 43 Grafiken, 2 Tabellen, gebunden. ●●●●

Dekorieren und Gestalten mit Naturmaterialien
rund ums Jahr
(**4748**-7) Von E. Dommershausen u.a., 128 S., ca. 200 Farbf. und -zeichnungen, geb. ●●●

Masken
phantasievoll dekorieren
(**5155**-7) Von Chr. Familler, 32 S., 48 Farbf., mit Vorlagebg. in Originalgröße, kart. ●

Laubsägearbeiten für das Kinderzimmer
(**5245**-6) Von H.-P. Krafft, 32 S., ca. 50 Farbf., mit Vorlagebg. in Originalgröße, kartoniert. ●

Schwingtiere aus Holz gestalten
(**5222**-7) Von der Arbeitsgem. Werken, 32 S., 50 Farbfotos, mit Vorlagebogen in Originalgröße, kartoniert. ●

FALKEN Video
Drachen
bauen und fliegen
(**6141**-2) VHS, ca. 45 Min., in Farbe, mit Broschüre. ●●●●*

Drachen
bauen und steigen lassen.
(**0767**-1) Von W. Schimmelpfennig, 80 Seiten, 1 dreiseitige Ausklapptafel, 55 Farbfotos, 139 Zeichnungen, kart. ●●●

Lenkdrachen
bauen und fliegen
(**1011**-7) Von W. Schimmelpfennig, 64 Seiten, 51 Farbf. und 126 Zeichnungen, kart. ●●

Neue Lenkdrachen und Einleiner
bauen und fliegen
(**1353**-1) Von W. Schimmelpfennig, 80 Seiten, 54 Farbf., 95 Farbzeichn., kart. ●●●

Drachen
Einfache Modelle für Kinder
(**5156**-5) Von W. Schimmelpfennig, 32 Seiten, 11 Farbfotos, 31 Zeichnungen, mit Vorlagebogen, kartoniert. ●

Basteln mit Kleinkindern
ab 3 Jahren
(**4747**-9) Von W. Kottke und I. Hübers-Kemink, 128 Seiten, über 200 Farbabbildungen, mit Vorlagebogen, gebunden. ●●●

Das goldene Bastelbuch für Kinder
(**4769**-X) Von U. Barff (Hrsg.), 336 Seiten, durchg. vierf., mit 2 Vorlagebogen, geb. ●●●

Basteln mit Kindern
Dinos & Drachen
(**5279**-0) Von G. Reinscheid, 48 Seiten, durchgehend vierfarbig, mit Vorlagebogen, kart. ●

Basteln mit Kindern
Fensterbilder Ritter und Burgen
(**5284**-7) Von D. Köhnen, 48 Seiten, durchgehend vierfarbig, mit Vorlagebogen, kart. ●

Das große farbige
Bastelbuch für Kinder
(**4254**-X) Von U. Barff, I. Burkhardt, J. Maier, 224 S., 157 Farbf., 430 Farb- und 60 s/w-Zeichn., m. Schnittmusterbg., Pappband. ●●●

Origami
Tiere aus aller Welt
(**5250**-2) Von J. Maier, 32 Seiten, 19 Farbfotos, 68 Farb- u. 16 s/w-Zeichnungen, kartoniert. ●

Hobby Origami
Papierfalten für groß und klein
(**0756**-6) Von Z. Aytüre-Scheele, 80 Seiten, 820 Farbfotos, kartoniert. ●●

Neue zauberhafte Origami-Ideen
Papierfalten für groß und klein
(**0805**-8) Von Z. Aytüre-Scheele, 80 Seiten, 720 Farbfotos, kartoniert. ●●

Zauberwelt Origami
Tierfiguren aus Papier
(**1045**-1) Von Z. Aytüre-Scheele, 80 Seiten, 660 Farbfotos, kartoniert. ●●

Kreatives Gestalten mit **Papiermaché**
(**5246**-4) Von B. Jetzek-Berkenhaus, 32 S., ca. 50 Farbfotos, mit Vorlagebogen in Originalgröße, kartoniert. ●

Marmorieren
Muster · Techniken · Gestaltungsideen
(**5247**-2) Von T. Hartel, 32 S., ca. 50 Farbfotos, mit Vorlagebg. in Originalgröße, kart. ●

Heut basteln wir mit Pappe und Papier
(**4413**-5) Von U. Barff, J. Maier, 224 Seiten, 117 Farbfotos, 480 Farbzeichn., 25 s/w-Abb., mit Schnittmusterbogen, Pappband. ●●●

Das große farbige Bastel- und Werkbuch
(**4439**-9) Von D. Rex, 256 S., 999 Farbfotos, 33 Farbzeichnungen, Pappband. ●●●●

Mein liebstes Spiel- und Bastelbuch
Die Welt der Dinosaurier
Tiere und Landschaften zum Selbermachen
Ausbrechen, aufstellen, spielen
(**4478**-X) Von B. Burkart, 8 Blatt mit herauslösbaren Motiven, 280-g-Karton mit Stanzung, 8 S. Bastelanl. und Sachinformation. ●●

Das große farbige
Dinosaurierbastelbuch
(**4686**-3) Von S. Koter, 128 S., 87 Farbfotos, 71 Farbzeichn., Vorlagebogen, Pappbd. ●●●

Fensterbilder in Scherenschnitt
(**5169**-7) Von A. Hahn, 32 Seiten, 52 Farbfotos, 3 s/w-Fotos, mit Vorlagebogen in Originalgröße, kartoniert. ●

Fensterbilder
Meine Lieblingstiere
(**5197**-2) Von Y. Thalheim, H. Nadolny, 32 Seiten, 38 Farbfotos, mit Vorlagebogen in Originalgröße, kartoniert. ●

Fensterbilder Enten und Gänse
(**5278**-2) Von D. Köhnen, 48 Seiten, durchgehend vierfarbig, mit Vorlagebogen, kart. ●

Fensterbilder Lustige Tiere
(**5210**-3) Von F. Michalski, 32 S., 47 Farbfotos, mit Vorlagebogen in Originalgröße, kart. ●

Fensterbilder Bauernhof
(**5264**-2) Von D. Köhnen, 48 Seiten, 44 Farbfotos, Vorlagebogen, kartoniert. ●

Fensterbilder Dinosaurier
(**5260**-X) Von C. Hüfner, 32 S., 8 Farbfotos, 47 Farbzeichnungen, Bastelbogen, kart. ●

Basteln mit Kindern
Fensterbilder Ritter und Burgen
(**5284**-7) Von D. Köhnen, 48 Seiten, durchgehend vierfarbig, mit Vorlagebogen, kart. ●

Mit Farben und Papieren
Fenster dekorieren
(**5255**-3) Von K. Groß, 32 Seiten, 8 Farbfotos, 59 Farbzeichnungen, kartoniert. ●

Basteln mit Kindern
Große Fensterbilder
(**5276**-6) Von D. Köhnen, 48 Seiten, durchgehend vierfarbig, mit Vorlagebogen, kart. ●

Originelle Fensterbilder
aus Tonpapier und Tonkarton
(**1305**-1) Von D. Köhnen, 64 Seiten, 70 Farbfotos, kartoniert. ●●

Die schönsten Fensterbilder
(**1066**-4) Von C. Kimmerle, 64 S., 100 Farbfotos, 7 Zeichnungen, kartoniert. ●●

Das Fensterbilder-Alphabet
Basteln mit Kindern ab 5 Jahren
(**5242**-1) Von E. Bohne, 32 S., ca. 50 Farbabb., mit Vorlagebogen in Originalgröße, kart. ●

Märchenhafte Fensterbilder
(**5185**-9) Von J. Maier, 32 S., 37 Farbfotos, mit Vorlagebogen in Originalgröße, kart. ●

Fensterbilder Blumen und Tiere
(**5186**-7) Von M. Twachtmann, 32 Seiten, 41 Farbfotos, 3 Zeichnungen, mit Vorlagebogen in Originalgröße, kartoniert. ●

Fensterbilder rund um die Welt
(**1411**-2) Von D. Köhnen, 64 Seiten, Vorlagebogen, 66 Farbfotos, kartoniert. ●●

Fensterbilder Zahlen
(**5268**-5) Von E. Bohne, 32 S., zahlr. Farbabbildungen, Vorlagebogen, kartoniert. ●

Fensterbilder Strand und Meer
(**5266**-9) Von B. Alex, 32 S., 57 Farbfotos, Vorlagebogen, kartoniert. ●

Fensterschmuck
Originelle Ideen für Dekorationen und Fensterbilder
(**1241**-1) Von D. Köhnen, 64 S., ca. 70 Farbfotos, Vorlagebogen, kartoniert. ●●

Klassisches Origami
Asiatische Faltkunst für Fortgeschrittene
(**1454**-6) Von P. D. Tuyen, ca. 80 Seiten, ca. 600 farbige Abbildungen, kartoniert. ●●

Sticker
Bastelspaß mit bunten Bildern
(**5270**-7) Von D. Dieterle und J. Reick, 48 S., 73 Farbfotos, mit Vorlagebogen, kartoniert. ●

Papierflieger
(**5157**-3) Von T. Gött, 32 S., 73 Farbf., 19 Zeichn. mit Vorlagebogen in Originalgröße, kart. ●

Windspielzeug
Bastelspaß mit Kindern ab 5 Jahren
(**5241**-3) Von D. Köhnen, 32 S., ca. 50 Farbabb., mit Vorlagebg. in Originalgröße, kart. ●

Flieger und Schiffe aus Papier
falten, ausbalancieren und steuern
(**1410**-4) Von C. Hüfner, ca. 80 Seiten, zahlr. Farbabbildungen, kartoniert. ●●

Faltschnitte
(**5257**-X) Von B. Blankenburg, 32 S., 12 Farbf., 42 Farbzeichn., Vorlagebogen, kartoniert. ●

Laternen und Lampions
(**5206**-5) Von C. Hüfner, 32 S., 60 Farbfotos, mit Vorlagebogen in Originalgröße, kart. ●

Mobiles aus Papier
(**5183**-2) Von J. Maier, 32 S., 17 Farbfotos, 35 Farbzeichnungen, mit Vorlagebogen in Originalgröße, kartoniert. ●

Tiermobiles
(**5258**-8) Von C. Hüfner, 32 Seiten, 57 Farbzeichnungen, Vorlagebogen, kartoniert. ●

Sonne, Mond und Sterne
Motive und Geschenkideen
(**5282**-0) Von D. Köhnen, 48 Seiten, durchgehend vierfarbig, mit Vorlagebogen, kart. ●

Bastelideen für Indianerspiele
(**5252**-9) Von B. Nelich, D. Velte, 32 Seiten, 38 Farbfotos, Vorlagebogen, kartoniert. ●

Der große Verkleidungsspaß
Kinderkostüme
(**1304**-3) Von C. Baumgarten, 53 Farbfotos, 183 Farbzeichn., Vorlagebogen, kart. ●●

Lustige Geschenk- und Schultüten
(**5263**-4) Von F. Michalski, 32 Seiten, 26 Farbfotos, Vorlagebogen, kartoniert. ●

Deco Art
Die Kunst, Geschenke zu verpacken
(**0949**-6) Von B. Niermann, 80 S., 78 Farbfotos, 191 Zeichnungen, kartoniert. ●●

Geschenke wunderschön verpacken
(**1113**-X) Von P. Jansen, 80 S., 79 Farbfotos, 166 Farbzeichnungen, kartoniert. ●●

Geschenke umweltfreundlich verpacken
(**1240**-3) Von P. Jansen, 64 S., vierfarbige Fotos und Illustrationen, kartoniert. ●●

Geldgeschenke
phantasievoll gestalten
(**5251**-0) Von P. Jansen, 32 Seiten, 49 Farbfotos, Vorlagebogen, kartoniert. ●

Geldgeschenke · Gutscheine · Geschenkanhänger
originell gestalten und verpacken
(**1115**-6) Von S. Haenitsch-Weiß, A. Weiß, 80 Seiten, 176 Farbfotos, kartoniert. ●●

Geschenke verpacken für Kinderfeste
(**5195**-6) Von C. Netolitzky, 32 S., 43 Farbfotos, mit Vorlagebogen in Originalgröße, kart. ●

Originelles Ambiente für Gäste
Festdekorationen
(**1049**-4) Von B. Niermann, 80 S., 125 Farbfotos, 59 Farbzeichn., kartoniert. ●●

Origineller Bastelspaß rund ums Herz
Motive und Geschenkideen
(**5272**-3) Von D. Köhnen, 48 Seiten, durchgehend vierfarbig, mit Vorlagebogen, kart. ●

Dekorative Schleifen
aus Bändern und Papier
(**5205**-7) Von M. Schorege, 32 S., 28 Farbfotos, 31 Farbzeichnungen, mit Vorlagebogen in Originalgröße, kartoniert. ●

Dekorieren und Arrangieren mit
Seidenblumen
(**5200**-6) Von M. L. Sprang, 32 S., 37 Farbfotos, 14 Farbzeichnungen, mit Vorlagebogen in Originalgröße, kartoniert. ●

Schmuck- und Glückwunschkarten
Papierarchitektur · Collagen · Faltschnittkarten
(**1114**-8) Von C. Sanladerer, 64 S., 55 Farbfotos, 31 Zeichnungen, kartoniert. ●●

Einladungs-, Tisch- und Menükarten
selbst gestalten
(**1302**-7) Von S. Haenitsch-Weiß, 80 Seiten, zahlreiche Farbabbildungen, kartoniert. ●●

Basteln mit Kindern
Moosgummi
(**5271**-5) Von A. und R. Schurr, 48 Seiten, durchgehend vierfarbig, mit Vorlagebogen, kartoniert. ●

Originell und Modern
Moosgummi
(**1354**-X) Von S. Boczkowski-Sigges, 56 Seiten, 92 Farbfotos, kartoniert. ●●

Osterschmuck
Neue Ideen für Kränze, Sträuße, Gestecke
(**5267**-7) Von I. Gleim, ca. 32 Seiten, zahlr. Farbabbildungen, kartoniert. ●

Basteln mit Kindern für
Ostern
(**5283**-9) Von V. Ettelt u.a., 48 Seiten, 12 Farbf., 83 Farbzeichnungen, mit Vorlagebg., kart. ●

Ostereier originell dekorieren
(**5219**-7) Von W. Velte, 32 S., 44 Farbfotos, mit Vorlagebogen in Originalgröße, kart. ●

Fensterbilder für die Osterzeit
(**5244**-8) Von R. Lübke, D. Lübke, 32 S., ca. 50 Farbf., mit Vorlagebg. in Originalg., kart. ●

Basteln für Ostern
(**5164**-6) Von Chr. Adjano, 32 S., 47 Farbfotos, mit Vorlagebogen in Originalgröße, kart. ●

Ostereier
Basteln mit Kindern ab 5 Jahren
(**5243**-X) Von Vera Ettelt, 32 Seiten, mit Spielebogen, kartoniert. ●

Tischdekorationen für Ostern
(**5220**-0) Von Chr. Adjano, 32 S., 49 Farbfotos, mit Vorlagebogen in Originalgröße, kart. ●

Basteln und dekorieren für
Advent und Weihnachten
(**4446**-1) Von G. Teusen, C. Netolitzky, 176 S., 285 Farbf., mit Bastelvorlagebg., Pappb. ●●●

Kinderbastelbuch
für Advent und Weihnachten
(**4687**-1) Von S. Wetzel-Maesmanns, 104 S., ca. 120 Farbfotos, ca. 300 Anleitungsillustrationen, Vorlagebogen, Pappband. ●●

Lustige Bastelideen für die
Weihnachtszeit
(**5256**-1) Von B. Löschenkohl, 32 S., 8 Farbfotos, 69 Farbzeichn., Vorlagebogen, kart. ●

Basteln für Weihnachten
(**5162**-X) Von Chr. Adjano, 32 S., 44 Farbfotos, mit Vorlagebogen in Originalgröße, kart. ●

Fensterbilder Winter und Weihnachten
(**5275**-8) Von F. Michalski, 48 S., 57 Farbfotos, Vorlagebogen, kartoniert. ●

Fensterdekorationen für die Weihnachtszeit
(**5181**-6) Von Y. Thalheim, H. Nadolny, 32 S., 33 Farbfotos, mit Vorlagebogen in Originalgröße, kartoniert. ●

Fensterbilder für Advent und Weihnachten
(**5211**-1) Von M. Schorege, 32 S., 24 Farbf., 15 Zeichn., mit Vorlagebg. in Originalg., kart. ●

Strohsterne
in bunter Vielfalt
(**5273**-1) Von M. Schorege, 48 S., 46 Farbfotos, Vorlagebogen, kartoniert. ●

Duftender Weihnachtsschmuck
aus Tonpapier und Potpourris
(**5254**-1) Von S. Wetzel-Maesmanns, 32 Seiten, 38 Farbfotos, Vorlagebogen, kartoniert. ●

Duftsträuße und Potpourris
(**1239**-X) Von A. Effelsberg, 80 Seiten, ca. 200 vierfbg. Abbildungen, kartoniert. ●●

Potpourris
Rezepturen und Geschenkideen
(**5265**-0) Von U. Altmann, 32 Seiten, 53 Farbfotos, kartoniert. ●

Trockenblumen
Gewürzsträuße, Gestecke, Kränze, Buketts
(**0643**-8) Von R. Strobel-Schulze, 88 Seiten, 170 Farbfotos, kartoniert. ●●

Phantasievolles Schminken
Verzauberte Gesichter für Maskeraden, Laienspiele und Kinderfeste
(**0907**-0) Hrsg.: H. u. Y. Nadolny, 64 Seiten, 227 Farbfotos, kartoniert. ●●

Schminken für Kinder
(**5177**-8) Von Y. Thalheim, H. Nadolny, 32 S., 68 Farbfotos, mit Vorlagebogen in Originalgröße, kartoniert. ●

Do it yourself und Technik

Moderne Fotopraxis
(**4401**-1) Von G. Koshofer, Prof. H. Wedewardt, 224 S., 363 Farbfotos, 106 s/w-Fotos, 5 Farb- und 24 s/w-Zeichnungen, Pappband. ●●●●

So macht man bessere Fotos
(**1158**-X) Von G. Koshofer, 144 S., 259 Farbfotos, 25 s/w-Fotos, kartoniert. ●●

So macht man bessere Kinderfotos
(**1459**-7) Von G. Koshofer, ca. 120 Seiten, ca. 260 farbige Abbildungen, kartoniert. ●●●

Kodak Photo CD
Bilder archivieren, bearbeiten, präsentieren
(**4388**-0) Von H. Freund, ca. 176 Seiten, durchgehend vierfarbig, kartoniert. ●●●

Videografieren
Filmen mit Video 8. Technik – Bildgestaltung – Schnitt – Vertonung.
(**0843**-0) Von M. Wild, K. Möller, 120 Seiten, 101 Farbfotos, 22 s/w-Fotos, 52 Zeichnungen, kartoniert. ●●●

Videografieren perfekt
Profitricks für Aufnahmetechnik und Nachbearbeitung
(**0969**-0) Von W. Schild, 120 S., 144 Farbabbildungen, 5 s/w-Zeichnungen, kart. ●●●

Besser VIDEOfilmen
Moderne Technik für perfekte Videos
(**1458**-9) Von W. Schild, ca. 160 Seiten, zahlreiche Farbabbildungen, kartoniert. ●●●

Videofilmen wie ein Profi
Technik · Motive · Filmaufbau · Nachbearbeitung
(**4506**-9) Von T. Pehle, 232 S., 444 Farbfotos, 61 zweifbg. Zeichnungen, Pappband. ●●●●

Do it yourself
Heimwerken
(**4117**-9) Von T. Pochert, 456 S., 1103 Farbfotos, 100 Farbabb., Pappband. ●●●●

Drechseln
Material · Technik · Beispiele
(**1306**-X) Von O. Maier, 72 S., 195 Farbabbildungen, 14 s/w-Zeichnungen, kartoniert. ●●

Do it yourself
Dachgeschoß- und Innenausbau
(**1243**-8) Von M. Maurer, 96 S., 314 Farbfotos, 35 Zeichn., kartoniert. ●●

Do it yourself
Sanitärinstallationen
(**1118**-0) Von W. Kawlath, 96 Seiten, 214 Farbabbildungen, kartoniert. ●●

Do it yourself
Metall bearbeiten
(**1119**-9) Von O. Maier, 96 S., 230 Farbfotos, 6 s/w-Zeichnungen, kartoniert. ●●

Do it yourself
Elektroarbeiten
(**0975**-5) Von K. H. Schubert, 120 S., 193 Farbfotos, 40 Zeichnungen, kartoniert. ●●

Möbel im Designer-Stil
entwerfen und bauen
(**1360**-4) Von H.-W. Bastian, ca. 64 Seiten, zahlr. Farbabbildungen, kartoniert. ●●●

Möbel für Kinderzimmer und Wohnbereich
(**1456**-2) Von H.-W. Bastian, 80 Seiten, vierfarbig, kartoniert. ●●

Schnitzen
Hölzer · Muster · Werkzeuge
(**1414**-7) Von O. Maier, ca. 64 Seiten, zahlr. Farbabbildungen, kartoniert. ●●

Modellbauelektronik
Fernsteuerungen für Autos, Schiffe, Flugzeuge
(**1361**-2) Von W. Kawlath, 80 Seiten, zahlr. Farbabbildungen, kartoniert. ●●

Alarmanlagen
für Wohnung, Haus, Auto
(**1308**-6) Von H.-W. Bastian, 64 Seiten, 81 Farbfotos, 32 Zeichnungen kartoniert. ●●

Solarstromanlagen
bauen und installieren
(**1457**-0) Von P. Röbke-Doerr, E. Steffens, ca. 80 Seiten, ca. 200 farbige Abbildungen, kartoniert. ●●

Hifi-Boxen
(**1307**-8) Von U. Hilgefort, 96 S., 160 Farbfotos, 49 Zeichnungen, kartoniert. ●●

Technik im Garten
Pumpen · Filter · Beleuchtung
(**1238**-1) Von H.-W. Bastian, 64 S., 90 Farbfotos, 17 Farbzeichnungen, kartoniert. ●●

Restaurieren von Möbeln
Stilkunde, Materialien, Techniken, Arbeitsanleitungen in Bildfolgen.
(**4120**-9) Von E. Schnaus-Lorey, 152 S., 37 Farbf., 75 s/w-Fotos, 352 Zeichn., Pappbd. ●●●●

Elektronik als Hobby
Von der Grundlagenschaltung zum integrierten Schaltkreis
Mit 8 wichtigen Universalplatinen
(**4293**-0) Von W. Priesterath, 264 S., 80 s/w-Fotos, 128 Zeichn., Pappband. ●●●●

Die Super-Sportwagen der Welt
(**4423**-2) Von H. G. Isenberg, 194 S., 184 Farbfotos, 4 farbige Ausklapptafeln, 32 s/w-Fotos, Pappband. ●●●●

Die Super-Rennwagen der Welt
(**4707**-X) Von H. G. Isenburg, 194 Seiten, 189 Farbf., 31 s/w-Fotos, Pappband. ●●●●

Die Super-Trucks der Welt
(**4257**-4) Von H. G. Isenberg, 194 Seiten, 205 Farbfotos, 87 s/w-Fotos, 7 Farbzeichn., 4 farbige Ausklapptafeln, Pappbd. ●●●●

Die Super-Motorräder der Welt
(**4193**-4) Von H. G. Isenberg, 192 Seiten, 170 Farb- und 100 s/w-Fotos, 8 Zeichnungen, Pappband. ●●●●

Die Super-Eisenbahnen der Welt
(**4287**-6) Von W. Kosak, H. G. Isenberg, 224 S., 269 Farbfotos, 79 s/w-Fotos, 8 Vignetten, 5 farbige Ausklapptafeln, Pappband. ●●●●

Die Super-Dampfloks der Welt
(**4480**-1) Von H. Faust, H. G. Isenberg, 194 Seiten, 193 Farbfotos, mit vier Ausklapptafeln, Pappband ●●●●

Plastikmodellbau
Autos, Schiffe, Flugzeuge in vollendeter Technik.
(**1116**-4) Von W. Kawlath, 96 Seiten, 272 Farbabbildungen, kartoniert. ●●

Spiele und Denksport

Spielbare Witze für Kinder
(**0824**-4) Von H. Schmalenbach, 112 Seiten, 30 Zeichnungen, kartoniert. ●

Neue spielbare Witze für Kinder
(**1173**-3) Von H. Schmalenbach, 96 Seiten, 31 Zeichnungen, kartoniert. ●

Scherzfragen, Drudel und Blödeleien
gesammelt von Kindern.
(**0506**-7) Hrsg. von W. Pröve, 80 Seiten, 57 Zeichnungen, kartoniert. ●

Spiele mit Papier und Bleistift
(**2044**-9) Von K.-H. Koch, ca. 96 Seiten, kartoniert. ●

Der Elefant in meiner Hand ...
Fingerspiele
für Kinder vom Baby – bis zum Grundschulalter
(**2043**-0) Von G. Falkenberg, 72 Seiten, 146 Farbzeichnungen, kartoniert. ●

Kinderspiele
die Spaß machen
(**2009**-0) Von H. Müller-Stein, 104 Seiten, 28 Abbildungen, kartoniert. ●

Kinderspiele mit Buchstaben und Wörtern
(**1041**-9) Von Dr. U. Vohland, 96 Seiten, 54 Zeichnungen, kartoniert. ●

Spiel und Spaß am Krankenbett
für Kinder und die ganze Familie
(**2035**-X) Von H. Bücken, 96 Seiten, 97 Zeichnungen, kartoniert. ●

Spiele im Freien
(**2038**-4) Von G. Wagner, 88 S., 20 zweifbg.-Zeichnungen, kartoniert. ●

Spiel und Spaß zu Hause
(**2039**-2) Von U. Geißler, 80 S., 90 zweifbg. Abbildungen, kartoniert. ●

Spiel und Spaß auf Reisen
Für Kinder und die ganze Familie
(**1085**-0) Von U. Geißler, 80 S., 107 zweifbg.-Zeichnungen, kartoniert. ●

Kleine Spiele ganz groß
(**1330**-2) Von U. Vohland, 80 Seiten, 93 s/w-Zeichnungen, kart. ●

Entdeckungsspiele für die ganze Familie
Rallyes zu Fuß und mit dem Fahrrad
(**1393**-0) Von U. Vohland, 96 S., 117 Zeichnungen, kartoniert. ●●

Kinder spielen Theater
(**4696**-0) Von G. Walter, 160 S., 48 Farbfotos, 229 Farbzeichnungen, Pappband. ●●●

Guten Tag, Kinder!
Neue Texte mit Spielanleitungen fürs Kasperletheater.
(**0861**-9) Von U. Lietz, 96 S., 18 s/w-Zeichnungen, kartoniert. ●

Kasperletheater
Spieltexte und Spielanleitungen · Basteltips für Theater und Puppen.
(**0641**-1) Von U. Lietz, 114 Seiten, 4 Farbtafeln, 12 s/w-Fotos, 39 Zeichnungen, kartoniert. ●●

Kindergeburtstage, die keiner vergißt
Planung, Gestaltung, Spielvorschläge.
(**0698**-5) Von G. und G. Zimmermann, 104 S., 80 Vignetten, kartoniert. ●

Kindergeburtstag
Vorbereitung, Spiel und Spaß.
(**0287**-4) Von Dr. I. Obrig, 136 S., 40 Abb., 11 Zeichn., 9 Lieder mit Noten, kart. ●●

Unvergeßliche Kindergeburtstage
(**4705**-3) Von G. Hennekemper, 176 S., 116 Farbfotos, 134 Farbzeichn., Pappband. ●●●

Unvergeßliche Kinderpartys
Tolle Ideen für Einladungen, Dekorationen und Spiele
(**4756**-8) Von V. Mirschel, 112 S., zahlreiche Farbfotos und -zeichnungen, gebunden. ●●●

Unvergeßliche Kinderfeste
Tolle Dekorationen, Spiele, Sketche für drinnen und draußen
(**4457**-7) Von Dr. G. Hennekemper, 192 S., 111 Farbfotos, 214 Farb- und 14 s/w-Zeichnungen, 4 S. Schnittmuster, Pappband. ●●●

Spielen mit den Allerkleinsten
(**4691**-X) Von S. Horak, 128 S., 47 Farbfotos, Pappband. ●●●

Lauter tolle Sachen, die Kinder gerne machen
(**4731**-2) Hrsg. U. Barff., 352 S., 117 Farbfotos, 778 Farbzeichnungen, Pappband. ●●●●

Das große bunte Spielebuch
für Kinder von 2 bis 6 Jahren
(**4543**-3) Von R. Grabbet, 160 S., 312 Farbabbildungen, Pappband. ●●●

Mein kunterbuntes Ratebuch
Rätselspiele mit Bildern und Wörtern für Kinder von 7 bis 10 Jahren
(**4697**-9) Von D. und R. Zey, ca. 144 Seiten, durchgehend vierfarbig, gebunden. ●●●

Neues Buch der siebzehn und vier Kartenspiele
(**0095**-2) Von K. Lichtwitz, 96 S., kartoniert. ●

Alles über Pokern
Regeln und Tricks.
(**2024**-4) Von C. D. Grupp, 112 S., 29 Kartenbilder, kartoniert. ●

Rommé und Canasta
in allen Variationen.
(**2025**-2) Von C. D. Grupp, 88 S., 24 Zeichnungen, kartoniert. ●

Doppelkopf, Schafkopf, Binokel, Cego, Tarock und andere Stammtischspiele.
(**2015**-5) Von C. D. Grupp, 112 S., kartoniert. ●

Das Skatspiel
Eine Fibel für Anfänger
(**0206**-8) Von K. Lehnhoff, 96 S., kartoniert. ●

Spielend Skat lernen
unter freundlicher Mitarbeit des Deutschen Skatverbandes
(**2005**-8) Von Th. Krüger, 120 Seiten, 181 s/w-Fotos, 22 Zeichnungen, kart. ●●

Patiencen
in Wort und Bild. (**2003**-1) Von I. Wolter-Rosendorf, 120 Seiten, kartoniert. ●

Neue Patiencen
(**2036**-8) Von H. Sosna, 160 Seiten, 43 Farbtafeln, kartoniert. ●●

Spielend Bridge lernen
(**2012**-0) Von J. Weiss, 96 Seiten, 58 Zeichnungen, kartoniert. ●

Spieltechnik im Bridge
(**2004**-X) Von V. Mollo und N. Gardener, dt. Adaption von D. Schröder, 152 S., kart. ●●●

Neue Kartentricks
(**2027**-9) Von K. Pankow, 104 Seiten, 20 Abbildungen, kartoniert. ●

Das japanische Brettspiel Go
(**2020**-1) Von W. Dörholt, 104 S., 182 Diagramme, kart. ●

Spielend Go lernen
(**2041**-4) Von H. Otake, S. Futakuchi, 192 S., 615 s/w-Zeichnungen, kartoniert. ●●

Mah-Jongg
Das chinesische Glücks-, Kombinations- und Gesellschaftsspiel. (**2030**-9) Von U. Eschenbach, 80 S., 30 s/w-Fotos, 5 Zeichn., kart. ●

Backgammon
für Anfänger und Könner. (**2008**-2) Von G. W. Fink und G. Fuchs, 104 S., 41 Abb., kart. ●

Einführung in das Schachspiel
(**0104**-5) Von W. Wollenschläger und K. Colditz, 112 S., 116 Diagramme, kartoniert. ●

Schach, das königliche Spiel
Von den Grundzügen zum strategischen Spiel.
(**1105**-9) Von T. Schuster, 192 S., 302 Diagramme, kart. ●●

Spielend Schach lernen
(**2002**-3) Von T. Schuster, 96 S., , kartoniert. ●

Kinder- und Jugendschach
Offizielles Lehrbuch des Deutschen Schachbundes zur Erringung der Bauern-, Turm- und Königsdiplome.
(**0561**-X) Von B. J. Withuis, H. Pfleger, 144 S., 220 Zeichnungen und Diagramme, kart. ●●

Zug um Zug
Schach für jedermann 1
Offizielles Lehrbuch des Deutschen Schachbundes zur Erringung des Bauerndiploms.
(**0648**-9) Von H. Pfleger, E. Kurz, 80 Seiten, 24 s/w-Fotos, 8 Zeichnungen, 60 Diagramme, kartoniert. ●●

Zug um Zug
Schach für jedermann 2
Offizielles Lehrbuch des Deutschen Schachbundes zur Erringung des Turmdiploms.
(**0659**-4) Von H. Pfleger, E. Kurz, 128 Seiten, 7 s/w-Fotos, 13 Zeichnungen, 78 Diagramme, kartoniert. ●●

Zug um Zug
Schach für jedermann 3
Offizielles Lehrbuch des Deutschen Schachbundes zur Erringung des Königsdiploms.
(**0728**-0) Von H. Pfleger, G. Treppner, 128 S., 4 s/w-Fotos, 84 Diagr., 10 Zeichn., kart. ●●

Schach für Fortgeschrittene
Taktik und Probleme des Schachspiels
(**0219**-X) Von R. Teschner, 88 Seiten, 85 Diagramme, kartoniert. ●

Neue Schacheröffnungen
(**0478**-8) Von T. Schuster, 104 Seiten, 100 Diagramme, kartoniert. ●

Würfelspiele
für jung und alt. (**2007**-4) Von F. Pruss, 112 S., 21 s/w-Zeichnungen, kartoniert. ●

Roulette richtig gespielt
Systemspiele, die Vermögen brachten.
(**0121**-5) Von M. Jung, 96 S., zahlreiche Tabellen, kartoniert. ●

Spiele für Party und Familie
(**2014**-7) Von Rudi Carrell, 80 S., 22 Zeichnungen, kartoniert. ●

Neue Spiele für Ihre Party
(**2022**-8) Von G. Blechner, 120 S., 54 Zeichnungen, kartoniert. ●

Lustige Tanzspiele und Scherztänze
für Partys und Feste.
(**0165**-7) Von E. Bäulke, 80 S., 53 Abb., kart. ●

Das Spiel mit der Schwerkraft
Jonglieren
Mit Bällen, Keulen, Ringen und Diabolo.
(**1009**-5) Von S. Peter, 80 S., 149 Farbfotos, kartoniert. ●

Zaubern
einfach – aber verblüffend.
(**2018**-X) Von D. Bouch, 84 Seiten, 41 Zeichnungen, kartoniert. ●

Tips, Tricks und Gewinnstrategien für Game-Boy-Spiele
(**1235**-7) Von René Zey, 176 Seiten, 100 Zeichnungen, kartoniert. ●●

Neue Game-Boy-Spiele
Sport, Action und Adventure
(**1325**-6) Von R. Zey, 176 Seiten, 21 s/w-Zeichnungen, kartoniert. ●●

Alles über Super-Nintendo-Spiele
Technik, Tips und Facts
(**1340**-X) Von D. Mark, 104 S., zahlreiche Farbabbildungen, kartoniert. ●●

Das 3. Glücksrad Rätselbuch
(**1391**-4) 160 Seiten, kartoniert. ●●

Rätselspiele
Quiz- und Scherzfragen für gesellige Stunden
(**1270**-5) Von K. H. Schneider, ca. 80 Seiten, ca. 80 s/w-Abbildungen, kartoniert. ●

Knobeleien und Denksport
(**2019**-8) Von K. Rechberger, 142 Seiten, 105 Zeichnungen, kartoniert. ●

So feiert man Feste fröhlicher
Heitere Vorträge und Gedichte
(**0098**-7) Von Dr. Allos, 96 Seiten, 15 Abbildungen, kartoniert. ●

Die große Lachparade
Neue Texte für heitere Vorträge und Ansagen
(**0188**-6) Von E. Müller, 80 S., kartoniert. ●

Rat und Wissen

Der gute Ton
in Gesellschaft und Beruf.
(**0063**-4) Von I. Wolter, 80 S., 42 s/w-Fotos, 7 Zeichnungen, kartoniert. ●

Der gute Ton
im Privatleben.
(**1111**-3) Von I. Wolter, bearbeitet von Wolf Stenzel, 104 S., 42 s/w-Abbildungen, kart. ●

Umgangsformen heute
Die Empfehlungen des Fachausschusses für Umgangsformen.
(**4015**-6) 252 S., 108 s/w-Fotos, 17 Zeichnungen, Pappband. ●●●

Abc der modernen Umgangsformen
(**4754**-1) Von I. Wolff, ca. 300 Seiten, zahlreiche Abbildungen, gebunden. ●●●

Benehmen bei Tisch
(**0988**-7) Von I. Cording, 80 S., 90 Farbfotos, 5 s/w-Zeichnungen, kartoniert. ●●

Krawatten
Fliegen, Schals und Tücher gekonnt binden
(**1072**-9) Von Y. Thalheim, H. Nadolny, 48 S., 129 Farbfotos, 1 s/w-Foto, Pappband. ●

freundin
Farbberatung
Alle Farben, die Ihnen wirklich stehen
(**4520**-4) Von Chr. Buscher, 128 Seiten, 175 Farbfotos, Pappband. ●●●●

freundin
Das perfekte Make-up
(**4727**-4) Von M. Rüdiger, H. Kirchberger, G. Mergenburg, 128 Seiten, 271 Farbfotos, Pappband. ●●●●

freundin
Der große Ratgeber
Body Fitness
Diät · Pflege · Bräune · Gymnastk · Anti-Cellulite-Programm
(**4758**-4) Von M. Bückmann u.a., ca. 128 S., durchgehend vierfarbig, gebunden. ●●●●

freundin Ratgeber
Hochzeit feiern
(**4702**-2) Von C. von Hoerner-Nitsch, I. Weber, K. Riebartsch, C. von Bernuth, 128 Seiten, 188 Farbfotos., 28 s/w-Fotos, Pappbd. ●●●●

freundin
Typ & Frisur
(**4695**-2) Von E. Bolz, 128 S., 219 Farbfotos, Pappband. ●●●●

Gedichte, Reden und Sketche
für grüne, silberne u. goldene Hochzeitstage
(**1269**-1) Von F. Rieder, 160 S., durchgehend vierfarbig, Pappband. ●●

Von der Verlobung zur Goldenen Hochzeit
(**0393**-5) Von E. Runge, 112 Seiten, kartoniert. ●

Hochzeitszeitungen
Tolle Ideen für Leute von heute
(**1379**-5) Von Y. Thalheim, 80 S., 160 zweifbg. Abbildungen, kartoniert. ●●

Die Silberhochzeit
Vorbereitung · Einladung · Geschenkvorschläge · Dekoration · Festablauf · Menüs · Reden · Glückwünsche. (**0542**-3) Von K. F. Merkle, 112 S., 41 Zeichnungen, kartoniert. ●

Geburtstagsfeiern für jedes Alter
Planung und Festgestaltung
(**1382**-5) Von S. Ahrndt, 120 S., 145 Farbfotos, 28 Farbzeichnungen, kartoniert. ●●

Geburt und Taufe feiern
Planung und Festgestaltung
(**1443**-0) Von S. Ahrendt, 112 Seiten, 46 Farbzeichn., kartoniert. ●●

Wie soll es heißen?
(**0211**-4) Von D. Köhr, 136 S., kartoniert. ●

Unsere beliebtesten Vornamen
(**1023**-0) Von A. F. W. Weigel, 160 Seiten, 75 s/w-Fotos, Pappband. ●●

Die schönsten Vornamen
(**4755**-X) Hrsg. Dr. D. Voorgang, ca. 208 Seiten, über 100 Farbzeichnungen, gebunden. ●

Kindergedichte, Lieder und Sketche für Hochzeitsfeiern
(**1112**-1) Von B. Lins, 72 Seiten, 26 farbige Abbildungen, 15 Lieder, kartoniert. ●

Neue Kindergedichte und Lieder für Hochzeitsfeste
(**1431**-7) Von A. Schweiggert, 80 S., 27 s/w-Zeichnungen, kartoniert. ●

Kindergedichte rund ums Jahr
(**1040**-0) Von A. Schweiggert, 80 Seiten, 49 Zeichnungen, 6 Vignetten, kartoniert. ●

Kindergedichte für alle Tage und Feste
Freu dich, daß noch Blumen sprießen...
(**1489**-9) Von G. Rudolf, 160 S., durchgehend zweifarbig, gebunden. ●●

Ins Gästebuch geschrieben
(**0576**-8) Von K. H. Trabeck, 96 Seiten, 24 Zeichnungen, kartoniert. ●

Der Verseschmied
Kleiner Leitfaden für Hobbydichter.
(**0597**-0) Von T. Parisius, 96 Seiten, 28 Zeichnungen, kartoniert. ●

Mach' dir einen Reim
Der moderne Verseschmied
(**1433**-3) Von G. Rudorf, 192 S., Pappband. ●●

Die schönsten Volkslieder
(**0432**-X) Hrsg. D. Walther, 128 S., mit Noten und Zeichnungen, kartoniert. ●

Alte und neue
Wanderlieder
(**1268**-3) Von P. G. Walter, 96 S., zweifarbig, kartoniert. ●●

Neue Glückwunschfibel
für groß und klein.
(**0156**-8) Von R. Christian-Hildebrandt, 96 S., 13 Vignetten, kartoniert. ●

Großes Buch der Glückwünsche
(**0255**-6) Hrsg. von O. Fuhrmann, 176 S., 77 Zeichnungen und viele Gestaltungsvorschläge, kartoniert. ●●

Wetter und Wind ändern sich geschwind
Beliebte Bauernregeln
(**1267**-5) Von G. Haddenbach, ca. 80 Seiten, ca. 30 zweifarbige Illustrationen, kart. ●

Beliebte Verse fürs Poesiealbum
Rosen, Tulpen, Nelken...
(**0431**-1) Von W. Pröve, 96 Seiten, 11 Faksimile-Abbildungen, kartoniert. ●

Verse fürs Poesiealbum
(**0241**-6) Von I. Wolter, 120 Seiten, 20 Abbildungen, kartoniert. ●

Heiter und besinnliche
Verse fürs Poesiealbum
(**1069**-9) Von B. H. Bull, 160 Seiten, 70 zweifarbige Illustrationen, Pappband. ●●

Klassische Verse und Zitate
Für Glückwünsche, Briefe, Reden und Poesiealben
(**1223**-3) Von P. Motzan, 224 Seiten, 40 Abbildungen, Pappband. ●●

Die Kunst der freien Rede
Ein Intensivkurs mit vielen Übungen, Beispielen und Lösungen.
(**4189**-6) Von G. Hirsch, 232 Seiten, 11 Zeichnungen, Pappband. ●●●

Trinksprüche, Gästebuchverse, Richtsprüche
(**0224**-6) Von D. Kellermann, 96 Seiten, kartoniert. ●

Glückwünsche, Toasts und Festreden zu Polterabend und Hochzeit
(**0264**-5) Von I. Wolter, 112 Seiten, 18 Zeichnungen, kartoniert. ●

Trinksprüche und Festreden
(**1321**-3) Von L. Metzner, 144 S., 13 zweifarbige Zeichnungen, Pappband. ●●

Grußworte
für Gemeindefeiern, Vereinsjubiläen und andere offizielle Anlässe
(**4741**-X) Von M. Adam, 192 S., Pappbd. ●●

Moderne Reden und Ansprachen
(**4742**-8) Von M. Adam, 464 Seiten, Pappband. ●●●●

Reden zu Familienfesten
(**0675**-6) Von G. Georg, 112 S., kartoniert. ●

Reden im Verein
Musteransprachen für viele Gelegenheiten
(**0703**-5) Von G. Georg, 112 S., kartoniert. ●

Reden zum Jubiläum
Musteransprachen für viele Gelegenheiten
(**0595**-4) Von G. Georg, 112 S., kartoniert. ●

Reden und Sprüche zu Grundsteinlegung, Richtfest und Einzug
(**0598**-0) Von A. Bruder, G. Georg, 96 Seiten, kartoniert. ●

Die überzeugende Rede
Mehr Erfolg durch bessere Rhetorik
(**0076**-6) Von K. Wolter, G. Kunz, 96 Seiten, kartoniert. ●

Moderne Korrespondenz
Handbuch für erfolgreiche Briefe
(**4014**-8) Von H. Kirst und W. Manekeller, 544 Seiten, Pappband. ●●●●

Musterbriefe
für alle Gelegenheiten.
(**0231**-9) Hrsg. von O. Fuhrmann, 240 Seiten, kartoniert. ●●

Der moderne Brief
Geschäfts- und Privatkorrespondenz empfängerorientiert schreiben
(**1440**-6) Von Dr. G. Reinert-Schneider, 112 S., 44 s/w-Zeichn., kartoniert. ●●

Geschäftsbriefe
zeitgemäß und stilsicher
(**1323**-X) Von G. Briese-Neumann, 152 S., kartoniert. ●●

Geschäftliche Briefe
für Privatleute, Handwerker und Kaufleute
(**0041**-3) Von G. Briese-Neumann, ca. 120 S., kartoniert. ●

Einladungen texten und gestalten
(**1484**-8) Von R. Zey und A. Bellingen, ca. 80 S., kartoniert. ●

Privatbriefe
Muster für alle Gelegenheiten.
(**0114**-2) Von I. Wolter-Rosendorf, 112 S., kart. ●

Erfolgstips für den Schriftverkehr
Briefgestaltung · Rechtschreibung · Zeichensetzung · Stil. (**0678**-0) Von U. Schoenwald, 112 Seiten, kartoniert. ●

Behördenkorrespondenz
Musterbriefe · Anträge · Einsprüche
(**0412**-5) Von E. Ruge, 112 S., kartoniert. ●

Worte und Briefe der Anteilnahme
(**0464**-8) Von E. Ruge, M. Adam, 88 Seiten, mit vielen Abbildungen, kartoniert. ●

Briefe zu Geburt und Taufe
Glückwünsche und Danksagungen. (**0802**-3) Von H. Beitz, 96 S., 12 Zeichnungen, kart. ●

FALKEN Rechtsberater
Fallbeispiele · Musterbriefe · Gerichtsurteile
(**4734**-7) Hrsg. S. von Hasseln, 756 Seiten, Pappband. ●●●●

Alles, was man über Erziehungsgeld, Mutterschutz, Erziehungsurlaub wissen muß
Das neue Recht für Eltern
(**0835**-X) Von K. Möcks, A. Schmitt, 144 S., kartoniert. ●●

Alles, was man über die nichteheliche Lebensgemeinschaft wissen muß
(**1071**-0) Von T. Drewes, 104 Seiten, 8 s/w-Zeichnungen, kartoniert. ●●

Scheidung und Unterhalt
nach dem neuen Eherecht.
(**0403**-6) Von T. Drewes, 112 S., mit Kosten und Unterhaltstabellen, kartoniert. ●●

Alles, was man über
Eheverträge
wissen muß
(**1483**-X) Von T. Münster, 128 Seiten, kartoniert. ●●

Alles, was man über Scheidung und Unterhalt wissen muß
(**1264**-0) Von T. Drewes, 128 Seiten, kartoniert. ●●

Alles, was man über Renten wissen muß
Mit Rentenreformgesetz 1992
(**1265**-9) Von K. Möcks, A. Schmitt, 112 Seiten, kartoniert. ●●

Rasthaus-Ratgeber
Kinder haben keine Bremse
Verkehrserziehung für Kinder ab 3 Jahren
(**1497**-X) Von H.-D. Barth, 80 S, durchgehend vierfarbig, kartoniert. ●●

Rasthaus-Ratgeber
Stop dem Autoklau
Die wirksamsten Methoden gegen Autodiebstahl
(**1485**-6) Von M. Maurer, 64 Seiten, durchgehend vierfarbig, kartoniert. ●●

Rasthaus-Ratgeber
Gebrauchtwagenkauf
Auswahl · Bewertung · Kaufvertrag
(**1498**-8) Von U. Traub, 80 Seiten, durchgehend vierfarbig, kartoniert. ●●

Wolfgang Büsers Erfolgstips
Rentenreform '92
(**1244**-6) Von W. Büser, 80 S., kartoniert. ●

Wolfgang Büsers Erfolgstips
Teilzeitarbeit
(**1266**-7) Von W. Büser, 80 S., kartoniert. ●●

Wolfgang Büsers Erfolgstips
(Lohn-) Einkommensteuer '92
Aktuell: Zinssteuer '93
(**1324**-8) Von W. Büser, 176 S., kartoniert. ●●

Vermögensbildung mit System
Anlageformen · Strategien · Praxistips
(**1445**-7) Von W. Schwanfelder, 160 Seiten, kartoniert. ●●

Alles, was man über BAföG wissen muß
(**1387**-6) Von A. Mengeringhausen, 144 Seiten, kartoniert. ●●

Testament und Erbschaft
Erbfolge, Rechte und Pflichten der Erben, Erbschafts- und Schenkungssteuer, Mustertestamente. (**4139**-X) Von T. Drewes, R. Hollender, 304 Seiten, Pappband. ●●●

Erbrecht und Testament
(**0046**-4) Von H. Wandrey, 124 S., kart. ●

Alles, was man über Testament und Erbschaft wissen muß
(**0939**-9) Von T. Drewes, 136 Seiten, 9 s/w-Zeichnungen, kartoniert. ●●

Mietrecht
Leitfaden für Mieter und Vermieter
(**0479**-6) Von J. Beuthner, 196 S., kart. ●●

Haushaltstips
praktisch und umweltfreundlich
(**1046**-X) Von K. Winkell, 96 Seiten, 36 Zeichnungen, kartoniert. ●

Texte für den Anrufbeantworter
(**1389**-2) Von G. Kunz, 80 S., 12 s/w-Zeichnungen, kartoniert. ●

Alles, was man über den Umgang mit Behörden wissen muß
(**1390**-6) Von K. Möcks, A. Schmitt, 132 Seiten, kartoniert. ●●

Wege zum Börsenerfolg
Aktien · Anleihen · Optionen
(**4275**-2) Von H. Krause, 252 S., 4 s/w-Fotos, 86 Zeichnungen, Pappband. ●●●●

Wörter und Unwörter
Sinniges und Unsinniges der deutschen Gegenwartssprache
(**1401**-7) Hrsg. Gesellschaft für deutsche Sprache, 176 Seiten, kartoniert. ●●●

Richtige Groß- und Kleinschreibung
durch neue, vereinfachte Regeln. Erläuterungen der Zweifelsfragen anhand vieler Beispiele.
(**0897**-X) Von Prof. Dr. Ch. Stetter, 96 Seiten, kartoniert. ●

Gutes Deutsch schreiben und sprechen
(**4432**-1) Von W. Manekeller, Dr. G. Reinert-Schneider, 416 S., durchgehend zweifarbig, Pappband. ●●●●

Mehr Erfolg in der Schule
Deutsche Rechtschreibung und Grammatik
Übungen und Beispiele für die Klassen 5–10.
(**4407**-0) Von K. Schreiner, 256 S., durchgehend zweifarbig, Pappband. ●●●●

Diktate besser schreiben
Übungen zur Rechtschreibung für die Klassen 4 bis 8
(**0469**-9) Von K. Schreiner, 152 S., 31 Zeichnungen, kartoniert. ●●

Deutsche Grammatik
Ein Lern- und Übungsbuch
(**0704**-3) Von K. Schreiner, 122 S., kart. ●●

Aufsätze besser schreiben
Förderkurs für die Klassen 4–10
(**0429**-X) Von K. Schreiner, 144 Seiten, 31 Abb., kartoniert. ●●

Mehr Erfolg in der Schule
Der Deutschaufsatz
Übungen und Beispiele für die Klassen 5–10.
(**4271**-X) Von K. Schreiner, 240 S., 4 s/w-Fotos, 51 Zeichnungen, Pappband. ●●●●

Mehr Erfolg in der Schule
Deutsch
Textinterpretation, Literaturgeschichte und Stilkunde
(**4483**-6) Von K. Schreiner, 272 S., 43 zweifarbige Zeichnungen, Pappband. ●●●●

Gedächtnistraining mit Eselsbrücken
(**1388**-4) Von W. Ettig, 96 S., 36 s/w-Zeichnungen, kartoniert. ●

Geschichte
Von der Französischen Revolution bis zur Gegenwart
(**4723**-1) Von K. Schreiner, 256 S., 50 s/w-Fotos, 10 Farbzeichnungen, 6 zweifarbige Landkarten, Pappband. ●●●●

Geographie
Natürliche Grundlagen · Gestaltung der Umwelt · Die Staaten der Erde
(**4724**-X) Von V. Disch, 256 S., ca. 40 Karten und Grafiken, Pappband. ●●●●

Mehr Erfolg in der Schule
Mathematik 1
Arithmetik und Algebra. Übungen, Beispiele und Lösungen für die Klassen 5 bis 10.
(**4420**-8) Von R. Müller-Fonfara, 256 Seiten, 193 Zeichn., 2 s/w-Fotos, Pappband. ●●●●

Mehr Erfolg in der Schule
Mathematik 2
Geometrie, Statistik, Wahrscheinlichkeitsrechnung und kaufmännisches Rechnen
(**4456**-9) Von R. Müller-Fonfara, W. Scholl, 256 Seiten, 6 s/w-Fotos, 304 Zeichnungen, Pappband. ●●●●

Mathematische Formeln für Schule und Beruf
Mit Beispielen und Erklärungen.
(**0499**-0) Von R. Müller-Fonfara, 156 Seiten, 210 Zeichnungen, kartoniert. ●●

Schülerlexikon der Mathematik
Formeln, Übungen und Begriffserklärungen für die Klassen 5–10
(**0430**-3) Von R. Müller-Fonfara, 176 Seiten, 96 Zeichnungen, kartoniert. ●●

Mehr Erfolg in der Schule
Mathematik 3
Analysis, analytische Geometrie und lineare Algebra
(**4541**-7) Von R. Müller-Fonfara, W. Scholl, 240 Seiten, 140 zweifarbige Grafiken, Pappband. ●●●●

Mehr Erfolg in der Schule
Mathematik 4
Für die Klassen 11 bis 13
(**4701**-0) Von R. Müller-Fonfara, W. Scholl, 240 Seiten, 91 Zeichnungen, 3 s/w-Fotos, Pappband. ●●●●

Mathematik-Textaufgaben leicht gelöst
Aufgaben · Lösungsstrategien · Anwendungsbeispiele
(**1022**-2) Von R. Müller-Fonfara, 128 Seiten, 4 Zeichnungen, kartoniert. ●●

Rechnen aufgefrischt für Schule und Beruf.
(**0100**-2) Von H. Rausch, 144 S., kartoniert. ●

Besseres Englisch
Grammatik und Übungen für die Klassen 5 bis 10.
(**0745**-0) Von E. Henrichs, 144 S., kart. ●●

Mehr Erfolg in der Schule
Englisch
Textinterpretationen
(**4518**-2) Von E. Heinrichs-Kleinen, 256 S., Pappband. ●●●●

Mehr Erfolg in der Schule
Englische Grammatik
Regeln und Übungen für die Klassen 5 bis 13
(**4431**-3) Von E. Henrichs-Kleinen, 256 S., durchgehend zweifarbig, Pappband. ●●●●

Besseres Französisch
Grammatik und Übungen für die Klassen 9 bis 11
(**1039**-7) Von R. Lübke, 114 S., durchgehend zweifarbig, kartoniert. ●●

Mehr Erfolg in der Schule
Französische Grammatik
Für die Klassen 7 bis 13
(**4703**-7) Von R. Lübke, ca. 256 S., durchgehend zweifarbig, Pappband. ●●●●

Schnell und sicher zum Führerschein
Tips und Tricks aus 30jähriger-Fahrlehrer-Praxis.
(**1232**-2) Von O. Einert, 152 S., 156 Farbfotos, 161 z.T. farb. Zeichnungen, kartoniert. ●●

Die aktuellen Prüfungsfragen und Prüfungsbogen für den Führerschein Klasse 3
(**1490**-2) 104 Seiten, 371 Farbfotos, kart. ●●

Der Test-Knacker bei Führerscheinverlust
(**1262**-4) Von T. Rieh, 128 S., kartoniert. ●●

Erfolgreiche Bewerbung um einen Ausbildungsplatz
(**0715**-9) Von H. Friedrich, 128 S., kartoniert. ●

Bewerbungsstrategien
Erfolgreiche Konzepte für Karrierebewußte
(**1027**-3) Von Dr. W. Reichel, 128 S., kart. ●●

Karriereplanung mit System
Bewerbungsstrategien für Frauen
(**4455**-0) Von R. Ibelgaufts, 144 Seiten, 20 Cartoons, Pappband. ●●

Die Bewerbung
Der moderne Ratgeber für Bewerbungsbriefe, Lebenslauf und Vorstellungsgespräche.
(**4138**-1) Von W. Manekeller, 264 Seiten, Pappband. ●●●

Die erfolgreiche Bewerbung
Bewerbung und Vorstellung
(**0173**-8) Von W. Manekeller, U. Schoenwald, 144 Seiten, kartoniert. ●●

Lebenslauf und Bewerbung
Beispiele für Inhalt, Form und Aufbau
(**0428**-1) Von H. Friedrich, 112 S., kartoniert. ●

Bewerbungsbriefe und Stellengesuche
Für handwerkliche, gewerblich-technische und kaufmännische Berufe
(**0138**-X) Von Dr. W. Reichert, 96 S., kart. ●

Das überzeugende
Vorstellungsgespräch
Erfolgreiche Strategien für den ersten Eindruck
(**1261**-6) Von R. Ibelgaufts, 144 S., kart. ●●

Vorstellungsgespräche
sicher und erfolgreich führen.
(**0636**-5) Von H. Friedrich, 144 Seiten, kart. ●

Einstellungstests und andere Methoden der Bewerberauswahl
(**1263**-2) Von Dr. R. Hilke, H. Hustedt, 160 S., 27 Zeichnungen, kartoniert. ●●

Keine Angst vor Einstellungstests
Ein Ratgeber für Bewerber.
(**0793**-6) Von Ch. Titze, 120 Seiten, 67 Zeichnungen, kartoniert. ●

Assessment Center
Erfolgstips und Übungen für Bewerber
(**1385**-X) Von H. Beitz und A. Loch, ca. 128 S., kartoniert. ●●

Berufsstart für Hochschulabsolventen
Erfolgsstrategien für Bewerbung und Vorstellung
(**1482**-1) Von Dr. W. Reichel, ca. 144 S., kart. ●●

freundin Ratgeber
Psychoterror am Arbeitsplatz
Mobbing
(**1434**-1) Von B. Huber, 160 S., kartoniert. ●●

freundin Ratgeber
Frau mit Kind
Leitfaden für Alleinerziehende
(**1476**-7) Von G. Teusen, ca. 144 S., kart. ●●

freundin
Kind und Beruf: (K)ein Problem
(**1322**-1) Von I. Weber, 168 Seiten, 14 Zeichnungen, kartoniert. ●●

freundin Ratgeber
Neu im Job: So überzeugen Sie
(**1259**-4) Von G. Teusen, 160 S., kart. ●●

Die ersten Tage am neuen Arbeitsplatz
Ratschläge für den richtigen Umgang mit Kollegen und Vorgesetzten
(**0855**-4) Von H. Friedrich, 104 Seiten, kart. ●

Zeugnisse im Beruf
richtig schreiben, richtig verstehen
(**0544**-X) Von H. Friedrich, 112 Seiten, kart. ●

Arbeitszeugnisse
verstehen und interpretieren
(**1444**-9) Von A. Nasemann, 136 S., kart. ●●

So lernt man leicht und schnell
Maschinenschreiben
Lehrbuch für Schulen, Lehrgänge und Selbstunterricht. (**0568**-7) Von M. Kempkes, 112 S., 48 Zeichnungen, kartoniert. ●●

FALKEN-Software
Maschinenschreiben und Tastaturtraining für Computer
(**7009**-8) Von B. Hoppius, Diskette 5 1/4" u. 3 1/2" für IBM-PC + Kompatible, mit Begleitheit. ●●●●●*

Leicht und schnell gelernt
Maschinenschreiben im Selbstunterricht
(**0170**-3) Von O. Fonfara, 88 S., kartoniert. ●

Buchführung leicht gemacht
Ein methodischer Grundkurs für den Selbstunterricht (**4238**-8) Von D. Machenheimer, R. Kersten, 252 Seiten, Pappband. ●●●●

Buchführung leicht gefaßt
Für Handwerker, Gewerbetreibende und freiberuflich Tätige.
(**0127**-4) Von R. Pohl, 104 S., kartoniert. ●

Stenografie leicht gelernt
im Kurus oder Selbstunterricht
(**0266**-1) Von H. Kaus, 64 S., kartoniert. ●

Gitarre spielen
Ein Grundkurs für den Selbstunterricht
(**0534**-2) Von A. Roßmann, 96 S., 1 Schallfolie, 150 Zeichnungen, kartoniert. ●●●

FALKEN & HOHNER: Workshop Musik
Gitarre spielen
Folk, Blues, Pop, Rock auf der akustischen Gitarre
Für Anfänger und Wiedereinsteiger
(**1437**-6) Von W. Ruß, ca. 80 S., Begleit-CD ca. 60 Min. Spieldauer, zahlreiche Illustrationen und Fotos, kartoniert. ●●●●

FALKEN & HOHNER: Workshop Musik
Keyboard spielen
Pop & Rock
Für Anfänger und Wiedereinsteiger
(**1435**-X) Von M. Lonardoni, ca. 80 Seiten, Begleit-CD, ca. 60 Min. Spieldauer, zahlreiche Illustrationen und Fotos, kartoniert. ●●●●

FALKEN & HOHNER: Workshop Musik
Singen
In Chor, Singgruppe und solo
Für Anfänger und Wiedereinsteiger
(**1436**-8) Von W. Layer, ca. 80 S., Begleit-CD ca. 60 Min. Spieldauer, zahlreiche Illustrationen und Fotos, kartoniert. ●●●●

Faszinierendes Erlebnis
Tierwelt
(**4706**-1) Von U. und W. Dolder, 196 Seiten, 314 Farbzeichnungen, Pappband. ●●●●

Das große Buch der
Antworten auf Kinderfragen
(**4477**-1) Von H. Hofmann, U. Kopp, G. Jankovics u.a., 192 Seiten, 308 Farbzeichnungen, Pappband. ●●●

FALKEN LEXIKON
Das Wissen unserer Zeit
(**4736**-3) Hrsg. Lexikographisches Institut, 1008 Seiten, 681 Farbfotos, 1142 Farbzeichn., Pappband. ●●●●

Das neue, farbige
Jugendlexikon
(**4472**-0) Von J. Frey, D. Rex, 304 Seiten, 269 und 52 s/w-Fotos, 6 Farbzeichnungen, Pappband. ●●●●

Das große farbige Kinderlexikon
(**4195**-0) Von U. Kopp, 320 S., 493 Farbabbildungen, 17 s/w-Fotos, Pappband. ●●●●

Kinder-Überraschung
(**1499**-6) Von M. Semmel, ca. 80 Seiten, durchgehend vierfarbig, kartoniert. ●●

Briefmarken sammeln
(**0481**-8) Von D. Stein, 120 S., 4 Farbtafeln, 98 s/w-Abbildungen, kartoniert. ●

Telefonkartenlexikon für Sammler
(**1406**-6) Von M. Burzan, ca. 160 Seiten, zahlreiche Farbabbildungen, kartoniert. ●●●

Telefonkarten sammeln
Serien · Preise · Sammeltips
(**1326**-4) Von M. Burzan, 128 S., 251 Farbfotos, kartoniert. ●●

Die Handschrift als Spiegel des Charakters
Graphologie
(**1025**-7) Von Dr. W. Busch, 104 S., 87 Schriftproben, kartoniert. ●

Familienforschung · Ahnentafel · Wappenkunde
Wege zur eigenen Familienchronik
(**0744**-2) Von P. Bahn, 128 S., 8 Farbtafeln, 30 Abbildungen, kartoniert. ●●

Familienforschung und Wappenkunde
(**4485**-2) Von P. Bahn, 224 S., 114 zweifarbige Abbildungen, Pappband. ●●●●●

freundin Ratgeber
Frauen allein auf Reisen
(**1260**-8) Von H. Guilino, 192 S., 7 Zeichnungen, kartoniert. ●●

Brain Building
Das Supertraining für Gedächtnis, Logik, Kreativität
(**4704**-5) Von M. vos Savant, 256 Seiten, Pappband. ●●●

Traumdeutung
Die Bildersprache unserer Traumwelt entschlüsseln
(**4486**-0) Von G. Fink, 384 Seiten, 74 zweifarbige Fotos, Pappband. ●●●●

Kinderträume
Ein Ratgeber für Eltern
(**4505**-0) Von G. Fink, 176 S., 6 s/w-Zeichnungen, Pappband. ●●●

Wahrsagen
mit den Karten der Madame Lenormand
(**1328**-0) Von B. A. Mertz, 108 Seiten, 39 s/w-Abbildungen, kartoniert. ●●

Die 12 Tierzeichen
Chinesisches Horoskop
(**0423**-0) Von G. Haddenbach, 88 Seiten, kartoniert. ●

Partnerschaftshoroskop
Glück und Harmonie mit Ihrem Traumpartner.
(**0587**-3) Von G. Haddenbach, 112 Seiten, 11 Zeichnungen, kartoniert. ●

Im Zeichen der Sterne
(**0951**-8) Der feurige Widder
(**0952**-6) Der willensstarke Stier
(**0953**-4) Die vielseitigen Zwillinge
(**0954**-2) Der feinfühlige Krebs
(**0955**-0) Der königliche Löwe
(**0956**-9) Die zuverlässige Jungfrau
(**0957**-7) Die charmante Waage
(**0958**-5) Der leidenschaftliche Skorpion
(**0959**-3) Der temperamentvolle Schütze
(**0960**-7) Der treue Steinbock
(**0961**-5) Der selbstbewußte Wassermann
(**0962**-3) Die romantischen Fische
Von G. Haddenbach, 64 Seiten, 35 Farbfotos, Pappband. ●

Das neue FALKEN
Computerlexikon
(**4356**-2) Von Dr. B. Kopp, 336 S., 121 s/w-Fotos, 184 Computergrafiken, Pappbd. ●●●●

Computer-Grundwissen
Eine Einführung in Funktion und Einsatzmöglichkeiten
(**4359**-7) Von Chr. T. Wolff, 176 S., 182 Farbfotos, kartoniert. ●●●●
(**4358**-9) Pappband. ●●●●

Der PC
(**4732**-0) Von U. u. H. Freund, 336 Seiten, 386 Farbfotos, Pappband. ●●●●●

freundin
Das Computerbuch für Frauen
(**4372**-4) Von M. Thiel, 176 S., 102 Farbfotos, 73 Zeichnungen, Pappband. ●●●●

Desktop Publishing: Typografie und Layout Seiten gestalten am PC · für Einsteiger und Profis
(**4330**-9) Von Dr. H. D. Baumann, M. Klein, 320 S., zahlreiche zweifarbige Abbildungen, Pappband. ●●●●●

PC HELP!
Wissenschaftliche Texte mit Word 5.5
(**4360**-0) Von P. Vogel, 80 S., 34 zweifarbige Screenshots, kartoniert. ●●

PC HELP!
Praktische Computernutzung mit Works 2.0
(**4369**-4) Von A. Görgens, 72 Seiten, 64 zweifarbige Screenshots, kartoniert. ●●

PC HELP!
DFÜ mit dem PC
(**4370**-8) Von M. Hofmann, 88 Seiten, 41 zweifarbige Screenshots, kartoniert. ●●

PC HELP!
Zeichnen mit dem PC
(**4361**-9) Von M. Hofmann, 88 S., 57 zweifarbige Screenshots, kartoniert. ●●

PC HELP!
Präsentation mit dem PC
(**4368**-6) Von M. Hofmann, 96 S., 47 zweifarbige screenshots, kartoniert. ●●

PC HELP!
CONFIG. SYS. und AUTOEXEC. BAT
Optimale Systemkonfiguration
(**4338**-4) Von A. Görgens, 64 S., ca. 50 s/w-Abbildungen und Grafiken, kartoniert. ●●

PC HELP!
DOS-Kommandos richtig nutzen
(**4339**-2) Von A. Görgens, 64 S., ca. 50 s/w-Abbildungen und Grafiken, kartoniert. ●●

PC HELP!
Die ersten Schritte mit dem PC
(**4344**-9) Von P. Vogel, H. Ebsen, 64 S., ca. 50 s/w-Abb. und Grafiken, kartoniert. ●●

PC HELP!
Mehr Speicher unter DOS nutzen
(**4345**-7) Von K. O. Kuhl, 64 S., ca. 50 s/w-Abbildungen und Grafiken, kartoniert. ●●

PC HELP!
Viren erkennen und beseitigen
(**4346**-5) Von M. Hofmann, 64 S., ca. 50 s/w-Abbildungen und Grafiken, kartoniert. ●●

DTP-Lexikon für die Praxis
(**4373**-2) 136 S., 55 s/w-Fotos, kart. ●●●

Gestalten mit Pagemaker für Windows
(**4375**-9) Von M. Hofmann, R. Titius, 116 S., 53 zweifbg. screenshots, kartoniert. ●●

Präsentationsprogramme richtig nutzen
(**4376**-7) Von M. Hofmann, 96 S., 60 zweifarbige screenshots, kartoniert. ●●

Datenaustausch 1
(**4378**-3) Von M. Hofmann, 104 Seiten, 63 zweifarbig. screenshots, kartoniert. ●●

Datenaustausch 2
(**4379**-1) Von M. Hofmann, 96 S., 34 zweifarbige screenshots, kartoniert. ●●

Update MS-DOS 6.0
Beilage: Kurzreferenz
(**4385**-6) Von M. Hofmann, 136 S., 55 s/w-Fotos, kartoniert. ●●●

PC-Pannen selbst beheben
Hardware · Software
(**4383**-X) Von M. Hofmann, 144 S., kart. ●●●

Windows für Workgroups
(**4381**-3) Von P. Vogel, 80 S., 40 Screenshots, kartoniert. ●●

Essen und Trinken

Rezepte für 1 Person
(**1294**-2) Hrsg. M. Sauerborn, 64 S., 75 Farbfotos, kartoniert. ●

Schnell und individuell
Die raffinierte Single-Küche
(**4266**-3) Von F. Faist, 160 S., 151 Farbfotos, Pappband. ●●●●

Frischer Fang aus Fluß und Meer
Fisch
(**0964**-X) Von L. Grieser, 48 S., 52 Farbfotos, Pappband. ●●

Fischgerichte
(**1448**-1) Hrsg.: S. Koch, 64 S., ca. 50 Farbfotos, kartoniert. ●

Zart und edel
Lachs
(**1403**-1) Von H. Imhof, 64 S., 49 Farbfotos, Pappband. ●●

Geflügelgerichte
(**1348**-5) Hrsg. E. Meyer zu Stieghorst, 64 S., 71 Farbfotos, kartoniert. ●

Gaumenfreuden Tag für Tag
Pfannengerichte
(**1007**-9) Von S. Fabke, 64 S., 54 Farbfotos, Pappband. ●●

Köstliches für Genießer
Fleischgerichte
(**4699**-5) Von F. Stein, 144 S., ca. 100 Farbfotos, gebunden. ●●●

Schnitzel, Steaks & Co.
(**1417**-1) Von N. Frank, 64 Seiten, 68 Farbfotos, kartoniert. ●

Köstliches aus dem Tontopf
(**1332**-9) Hrsg. S. Kieslich, 64 Seiten, 55 Farbfotos, kartoniert. ●

Suppen und Eintöpfe
(**1449**-X) Hrsg.: S. Koch, 64 S., ca. 50 Farbfotos, kartoniert. ●

Aus eigener Küche
Gute Wurst
(**0948**-8) Von J. Bessel, G. Quaas, 80 Seiten, 8 Farbtafeln, kartoniert. ●

Aus lauter Lust und Liebe
Knoblauch
(**0867**-8) Von L. Reinirkens, 64 S., 45 Farbfotos, Pappband. ●●

Bintje, Irmgard und Sieglinde
Kartoffeln
(**1032**-X) Von S. Fabke, 64 S., 43 Farb- und 1 s/w-Foto, Pappband. ●

Kartoffelgerichte
(**1297**-7) Hrsg. I. Feldhaus, 64 S., 64 Farbfotos, kartoniert. ●

Nudelgerichte
(**1293**-4) Hrsg. E. Fuhrmann, 64 S., 66 Farbfotos, kartoniert. ●

Pasta in Höchstform
Nudeln
(**0884**-8) Von M. Kirsch, 64 S., 62 Farbfotos, Pappband. ●●

Spezialitäten unter knuspriger Decke
Aufläufe
(**0882**-1) Von C. Adam, 48 S., 33 Farbfotos, Pappband. ●●

Aufläufe
(**1295**-0) Hrsg. E. Fuhrmann, 64 S., 62 Farbfotos, kartoniert. ●

Die Krönung der feinen Küche
Saucen
(**0817**-1) Von G. Cavestri, 48 S., 40 Farbfotos, Pappband. ●●

Gemüsegerichte
(**1347**-7) Hrsg. E. Fuhrmann, 64 S., 58 Farbfotos, kartoniert. ●

Gemüseaufläufe
(**1365**-5) Hrsg. E. Fuhrmann, 64 S., 58 Farbfotos, kartoniert. ●

Die schönsten Rezepte für
Frühstück und Brunch
(**1063**-X) Von K. Kruse-Schorling, 80 Seiten, 8 Farbtafeln, kartoniert. ●

Schnelle Küche
Für 2 Personen
(**4718**-5) freundin-Kochstudio, 80 Seiten, 105 Farbf., Pappband. ●●

Kochen auf der richtigen Welle im
Grill-Mikrowellengerät
(**1395**-7) Von T. Peters, 96 S., 79 Farbfotos, kartoniert. ●●

Fritieren
(**1350**-7) Hrsg. I. Teitge, 64 S., 62 Farbf., kart. ●

Schnell auf den Tisch gezaubert
Kochen mit Mikrowellen
(**0818**-X) Von A. Danner, 64 S., 52 Farbfotos, Pappband. ●

Italienische Vorspeisen **Antipasti**
(**1006**-0) Von S. Reiter-Westphal, 64 Seiten, 47 Farbfotos, Pappband. ●●

Mexikanische Küche
(**1439**-2) Von C. Zingerling, 64 S., ca. 50 Farbfotos, kartoniert. ●

Italienische Küche
(**1299**-3) Hrsg. E. Fuhrmann, 64 S., 65 Farbfotos, kartoniert. ●

Schlemmerreise durch die
Italienische Küche
(**4172**-1) Von V. Pifferi, 160 S., 109 Farbfotos, Pappband. ●●●●

Spaghetti, Tagliatelle + Co.
Pasta all'Italiana
(**1004**-4) Von I. Seyric, 64 S., 57 Farbfotos, Pappband. ●●

Pizza
(**1352**-3) Hrsg. M. Sauerborn, 64 S., 72 Farbfotos, kartoniert. ●

Tradition mit Charme
Wiener Spezialitäten
(**1343**-4) Von G. Scolik, 64 S., 46 Farbfotos, Pappband. ●●

Schlemmerreise durch die
Französische Küche
(**4296**-5) Von H. Imhof, 160 S., 147 Farbfotos, 3 s/w-Fotos, Pappband. ●●●●

Schlemmerreise durch die
Spanische Küche
(**4500**-X) Von A. Puente, 160 S., ca. 120 Farbfotos, Pappband. ●●●●

Vom Bosporus zum Ararat
Türkische Spezialitäten
(**1191**-1) Von S. Dogan, 64 S., 44 Farbfotos, Pappband.●●

Indische Küche
(**1404**-X) Von C. Zingerling, 64 S., 64 Farbfotos, kartoniert. ●

Schlemmerreise durch die
Thailändische Küche
(**4722**-3) Von C. Zingerling, 144 Seiten, 164 Farbfotos, Pappband. ●●●●

Köstlich fernöstlich
Asiatische Spezialitäten
(**1286**-1) Von M. Carroll, E. Mognol, 64 S., 49 Farbfotos, Pappband. ●●

Chinesische Küche
(**1289**-6) Hrsg. M. Sauerborn, 64 S., 73 Farbfotos, kartoniert. ●

Schlemmerreise durch die
Chinesische Küche
(**4184**-5) Von K. H. Jen, 160 S., 117 Farbfotos, Pappband. ●●●

Gerichte aus dem
Wok
(**1291**-8) Hrsg. M. Sauerborn, 64 S., 76 Farbfotos, kartoniert. ●

Mit Lust und Liebe **Chinesisch Kochen**
(**4441**-0) Von Ho Fu-Lung, Uli Franz, 176 Seiten, 189 Farbfotos, 29 Zeichnungen, Pappband. ●●●●

Fernöstliche Küche
(**1384**-1) Hrsg. R. Faller, 64 S., 73 Farbfotos, kartoniert. ●

Rezepte für Tisch- und Gartengrill
(**1351**-3) Hrsg. V. Müller, 64 S., 59 Farbfotos, kartoniert.●

Braten auf dem heißen Stein
(**1300**-0) Hrsg. R. Donhauser, 64 S., 56 Farbfotos, kartoniert. ●

Rezepte rund um Raclette und Doppeldecker
(**0420**-6) Von J.W. Hochscheid, 72 S., 8 Farbtafeln, kartoniert. ●

Schlemmen in geselliger Runde
Fleischfondues
(**0966**-6) Von M. Spötter, 64 S., 62 Farbfotos, Pappband. ●●

Fondues und Raclettes
(**4253**-1) Von F. Faist, 160 S., 125 Farbfotos, Pappband. ●●●●

Fondues
(**1298**-5) Hrsg. E. Meyer zu Stieghorst, 64 S., 69 Farbfotos, kartoniert. ●

Rezepte fürs Raclette
(**1290**-X) Hrsg. S. Kieslich, 64 Seiten, 59 Farbfotos, kartoniert. ●

Raclette-Spezialitäten
(**0881**-3) Von F. Faist, 48 S., 33 Farbfotos, Pappband. ●

Knackige Salate
(**1441**-4) Hrsg.: S. Kieslich, 64 S., ca. 50 Farbfotos, kartoniert. ●

Gartenfrisch genießen
Feine Salate
(**4450**-X) Von P. Nikolay, 160 S., 122 Farbfotos, Pappband. ●●●●

Köstliche Salate
zum Verwöhnen
(**0222**-X) Von Chr. Schönherr, 96 S., 8 Farbtafeln, 30 Zeichnungen, kartoniert. ●

Salate
(**1346**-9) Hrsg. E. Furhmann, 64 S., 62 Farbfotos, kartoniert.●

Frisch und leicht als Hauptgericht
Schlemmersalate
(**0934**-8) Von C. Adam, 64 S., 49 Farbfotos, Pappband. ●●

Gesund und vielseitig **Alles mit Joghurt**
täglich selbstgemacht, mit vielen Rezepten
(**0382**-6) Von G. Volz, 64 S., 8 Farbtafeln, kartoniert. ●

Marmeladen, Gelees und Kompotte
(**1442**-2) Hrsg.: F. Stein, 64 S., ca. 50 Farbfotos, kartoniert. ●

Gesunde Ernährung für mein Kind
(**0776**-6) Von M. Bustorf-Hirsch, 112 Seiten, 8 Farbtafeln, 5 s/w-Zeichnungen, kartoniert. ●●

Eßschule
Gesunde Ernährung für Kinder im Grundschulalter
(**1314**-0) Von A. Roßmeier, 80 Seiten, 44 Farbfotos, 50 farbige Vignetten, Pappband. ●●

Lieblingsgerichte für Kinder
Mit Sonderteil: Gesunde Kost für Babys ab 6 Monaten
(**4497**-6) Von G. Righi-Spanfellner, 112 S., 27 Farbzeichnungen, Pappband. ●●●

Das essen Kinder gern
(**1405**-8) Hrsg. S. Faust, 64 S., 80 Farbfotos, kartoniert. ●

Mit Lust und Liebe ...
Vollwertküche für Genießer
(**4412**-4) Von Prof. Dr. C. Leitzmann, H. Million, 256 Seiten, 329 Farbfotos, Pappband. ●●●●

Vegetarisch kochen und genießen
Alle Gerichte für 2 Personen
(**4715**-0) Von Prof. Dr. C. Leitzmann, K. Dittrich, C. u. G. Kurz, 128 S., 132 Farbfotos, Pappband. ●●●●

Das große FALKEN
Vitaminkochbuch
für Genießer
(**4714**-2) Von Prof. Dr. troph. M. Hamm, A. Roßmeier, 208 S., 224 Farbfotos, Pappband. ●●●●

Schmackhafte Vollwertkost ohne tierisches Eiweiß
(**0993**-3) Von M. Bustorf-Hirsch, 96 Seiten, 54 Farbfotos, kartoniert. ●●

Cholesterinarm kochen und genießen
(**4442**-9) Von R. Unsorg, 168 S., 132 Farbfotos, kartoniert. ●●●●

Die aktuelle **Cholesterintabelle**
(**1088**-5) Von Dr. H. Oberritter, 84 Seiten, 12 zweifarbige Grafiken, kartoniert. ●

Die aktuelle Vitamin- und Mineralstofftabelle
Mit Angaben zu den wichtigsten Vitaminen und Mineralstoffen
(**1110**-5) Von Dr. H. Oberritter, 88 Seiten, 1 zweifarbige Grafik, kartoniert. ●

Die aktuelle E-Zusatzstoff-Tabelle
Über 750 Angaben zu Herkunft, Verwendung und möglichen Nebenwirkungen
(**1233**-0) Von T. Pilgram, E.Dahl, 80 Seiten, zweifarbig, kartoniert. ●

Vollwertküche für Diabetiker
Köstlich kochen und backen für die ganze Familie
(**4473**-9) Von Prof. Dr. C. Leitzmann, Prof. Dr. H. Laube, H. Million, 168 S., 172 Farbfotos, 8 Zeichnungen, Pappband. ●●●●

Kochen und backen für Diabetiker
Gesund und schmackhaft für die ganze Familie
(**4467**-4) Von Dr. med. M. Toeller, W. Schumacher, A. Groote, Dr. troph. A. Klischan, 176 S., 182 Farbfotos, Pappband. ●●●●

Die Sojaküche
Gesund und abwechslungsreich essen
(**0553**-9) Von U. Kolster, 80 S., 8 Farbtafeln, kartoniert. ●

Gesund kochen mit Keimen und Sprossen
(**0794**-9) Von M. Bustorf-Hirsch, 96 S., 4 Farbtafeln, 13 s/w-Zeichnungen, kartoniert. ●

Waffeln
Hörnchen, Pfannkuchen und Crèpes.
(**0522**-9) Von C. Stephan, 64 S., 8 Farbtafeln, kartoniert. ●

Waffeln
(**1296**-9) Hrsg. L. Steiger, 64 S., 73 Farbfotos, kartoniert. ●

Fruchtige Pfannkuchen und Crêpes
(**1446**-5) Von S. Fabke, 64 S., ca. 50 Farbfotos, kartoniert. ●

Mehr Freude und Erfolg beim
Brotbacken
(**4148**-9) Von A. und G. Eckert, 160 Seiten, 177 Farbfotos, Pappband. ●●●●

Meine Vollkornbackstube
Brot · Kuchen · Aufläufe. (**0616**-0) Von R. Raffelt, 96 S., 4 Farbtafeln, 12 Zeichnungen, kartoniert. ●

Mit Honig, Nuß und Mandelkern
Weihnachtsplätzchen
(**1287**-X) Von H. Jaacks, 64 S., 48 Farbfotos, Pappband. ●●

Backen ohne Zucker
(**1234**-9) Von H. Erkelenz, 80 S., 8 Farbtafeln, kartoniert. ●

Süße Geheimnisse eiskalt gelüftet
Eis und Sorbets
(**0870**-8) Von H. W. Liebheit, 48 S., 38 Farbfotos, Pappband. ●●

Haltbarmachen in der Öko-Küche
Gesunde Konservierungsmethoden für Obst, Gemüse, Kräuter und Pilze. (**0923**-2) Von M. Bustorf-Hirsch, 120 S., 92 Farbabbildungen, kartoniert. ●●

Komm, koch und back mit mir
Kunterbuntes Kochvergnügen für Kinder.
(**4285**-X) Von S. und H. Theilig, illustriert von B. v. Hayek, 112 S., 45 Farbabbildungen, Pappband. ●●

Lieblingsgerichte für Kinder
Kerngesund und kunterbunt
(**4497**-6) Von G. Righi-Spanfellner, 112 Seiten, 27 Farbzeichnungen, Pappband. ●●●

Lirum, larum, Löffelstiel ...
Kinder kochen mit Knuddel
(**1094**-X) Von U. Bültjer, 80 S., 27 zweifarbige Zeichnungen, kartoniert. ●

Backe, backe Kuchen ...
Kinder backen mit Knuddel
(**1301**-9) Von U. Bültjer, 64 S., 34 Farbfotos, 60 Farbzeichn., kartoniert. ●

Mit Lust und Liebe
Garnieren und Verzieren
Dekoratives zu vielen Anlässen
(**4496**-8) Von M. Müller, E. Pratsch, H. Krieg, 160 Seiten, ca. 100 Farbfotos, Pappband. ●●●●

Mit Lust und Liebe **Kalte Platten & Buffets**
Anrichten und Garnieren
(**4427**-5) Von P. Grotz, 176 S., 228 Farbfotos, Pappband. ●●●●

Köstliches ganz leicht gezaubert
Raffinierte Rezepte rund um den Stabmixer
(**1453**-8) Von U. Kochendörfer, 96 Seiten, 84 Farbfotos, kartoniert. ●●

Garnieren und Verzieren
(**4236**-1) Von R. Biller, 160 S., 329 Farbfotos, 57 Zeichnungen, Pappband. ●●●●

Köstlichkeiten für Gäste und Feste
Kalte Platten
(**4200**-0) Von I. Pfliegner, 160 S., 130 Farbfotos, Pappband. ●●●●

Sandwich, Toasts & Co.
(**1331**-0) Von F. Faist, 64 Seiten, 62 Farbfotos, kartoniert. ●

Quiches, Tartes
und andere pikante Kuchen
(**1407**-4) Hrsg. I. Teitge, 64 S., 70 Farbf., kart. ●

freundin
Snacks
(**4521**-2) Von V. Müller, 80 S., 87 Farbfotos, Pappband.●●●

Kochen und backen mit Käse
(**1451**-1) Hrsg.: F. Stein, 64 S., ca. 50 Farbfotos, kartoniert. ●

Raffiniert kombiniert, schön dekoriert
Käseplatten
(**1192**-X) Von S. Carlsson, 64 S., 57 Farbfotos, Pappband.●●

FALKEN
Festival der schön gedeckten Tische
(**4738**-X) Von A. F. Endress, 204 S., 116 Farbfotos, 83 Farbzeichnungen, Pappbd. ●●●●

Der perfekt gedeckte Tisch
(**1028**-1) Von H. Tapper, 80 S., 161 Farbfotos, 13 Zeichnungen, kartoniert. ●●

Der schön gedeckte Tisch
Vom einfachen Gedeck bis zur Festtafel stimmungsvoll und perfekt arrangiert. (**4246**-1) Von H. Tapper, 112 S., 206 Farbfotos, 21 s/w-Abbildungen, Pappband. ●●●

Servietten falten
80 Ideen für schön gedeckte Tische
(**1042**-7) Von M. Müller, O. Mikolasek, 80 S., 289 Farbfotos, 50 Zeichnungen, kart. ●●

Phantasievolle Tischdekorationen selber machen
(**0984**-4) Von Y. Thalheim, H. Nadolny, 80 S., 174 Farbfotos, 21 Zeichnungen, kart. ●●

Servietten dekorativ falten
Geschmackvolle Anregungen aus Stoff und Papier. (**0804**-X) Von H. Tapper, 32 Seiten, 134 Farbfotos, Pappband. ●

Weine und Säfte, Liköre und Sekt
selbstgemacht.
(**0702**-7) Von P. Arauner, 232 S., 76 Abb., kartoniert. ●●●

Was Weinfreunde wissen wollen
Fragen und Antworten rund um den Wein
(**1224**-1) Von Prof. Dr. K. Röder, H.-G. Dörr, ca. 224 Seiten, kartoniert. ●●

FALKEN Mixbuch
(**4733**-9) Hrsg. P. Bohrmann, 560 Seiten, 227 Farbfotos, Pappband. ●●●●

Vitamindrinks
(**1408**-2) Von H. Reith, W. Hubert, 64 Seiten, 68 Farbfotos, kartoniert. ●

Köstlich, cremig, sahnig, frisch
Mixen mit Milch
(**1151**-2) Von S. Carlsson, 64 S., 45 Farbfotos, Pappband.●

Milchmixgetränke
(**1450**-3) Von S. Carlsson, 64 S., ca. 50 Farbfotos, kartoniert. ●

Cocktails und Drinks
(**1292**-6) Hrsg. S. Kieslich, 64 S., 70 Farbfotos, kartoniert. ●

Bowlen und Punsche
(**1447**-3) Hrsg.: F. Brandl, 64 S., ca. 50 Farbfotos, kartoniert. ●

Fruchtig, spritzig, eisgekühlt
Mixen ohne Alkohol
(**0935**-6) Von S. Späth, 64 S., 44 Farbfotos, Pappband. ●●

Longdrinks
(**1345**-0) Hrsg. E. Meyer zu Stieghorst, 64 S., 79 Farbfotos, kartoniert. ●

Light Drinks
Mixen mit und ohne Alkohol
(**1222**-5) Von S. Edelberg, Heike Reith, 64 S., 48 Farbfotos, Pappband. ●●

Cocktails
(**4267**-1) Von W. R. Hoffmann, W. Hubert, U. Lottring, 160 S., 164 Farbfotos, 1 s/w-Foto, Pappband. ●●●●

Cocktails und Mixereien
für häusliche Feste und Feiern. (**0075**-8) Von J. Walker, 96 S., 4 Farbtafeln, kartoniert. ●

Das Fitmacher-Kochbuch
(**4698**-7) Von Prof. Dr. troph. M. Hamm, 112 S., ca. 100 Farbfotos, gebunden. ●●●

Schlank und gesund nach Dr. Hay
Schnelle Trennkostküche
(**4746**-0) Von H. Harper, 80 S., ca. 80 Farbfotos, kartoniert. ●●

Schlank werden nach Dr. Hay **Trennkost**
Die bewährten Vollwert-Rezepte von Ursula Summ. (**4298**-1) Von U. Summ, 96 Seiten, 54 Farbfotos, 1 Zeichnung, kartoniert. ●●

Das große Buch der Trennkost
Neue Rezepte von Ursula Summ
(**4498**-4) Von U. Summ, 144 S., ca. 100 Farbfotos, Pappband. ●●●

Gesund leben nach Dr. Hay
Cholesterinarme Trennkost
Neue Vollwert-Rezepte von Ursula Summ
(**4475**-5) Von U. Summ, 96 Seiten, 52 Farbfotos, kartoniert. ●●

Die neue Trennkost
(**4685**-5) Von U. Summ, 96 Seiten, 71 Farbfotos, kartoniert. ●●●

Das kleine 1 x 1 der Trennkost
(**1428**-7) Von S. Carlsson, 64 S., ca. 50 Farbfotos, kartoniert. ●

Schlank nach Maß
mit der Diät-Computerwaage
(**1064**-8) Von K. Alisch, 104 S., 8 Farbtafeln, kartoniert. ●

Gesundes Essen für Berufstätige
Die 4-Wochen-Vollwertkur (**1065**-6) Von M. Weber, ca. 80 S., 8 Farbtafeln, kart. ●

Garten

FALKEN Gartenjahr
(**4730**-4) Von K. Greiner, A. Weber, P. Michaeli-Achmühle, 320 Seiten, 380 Farbabbildungen, Pappband. ●●●●

Garten heute
Der moderne Ratgeber · Über 1000 Farbbilder. (**4283**-3) Von H. Jantra, 384 S., über 1000 Farbabbildungen, Pappband. ●●●●

Helmut Jantras Gartenbuch
Obst · Gemüse · Blumen
(**4522**-0) Von H. Jantra, 200 S., 395 Farbfotos, 123 Farbzeichnungen, 25 Tabellen, Pappband. ●●

1000 ganz bewährte Garten-Tips
(**4453**-4) Von H. Jantra, 320 S., 288 zweifbg. und 62 s/w-Zeichn.,, Pappband. ●●●

Obst, Gemüse, Blumen, Gras
Gärtnern macht den Kindern Spaß
(**4517**-4) Von U. Krüger, 96 S., 85 Farbfotos, 180 Farbzeichznungen, Pappband. ●●

Rosen
(**4692**-8) Von H. Steinhauer, ca. 144 S., zahlr. Farbabbildungen Pappband. ●●●●●

Rosen
Auswahl · Pflege · Gestaltung
(**1183**-0) Von H. Jantra, 120 S., 200 Farbfotos, 20 Farbzeichnungen, 8 Bepflanzungspläne, kartoniert. ●●

Bunte Pracht der Stauden
Auswahl · Pflege · Gestaltung
(**1376**-0) Von H. Jantra, 112 S., 167 Farbabbildungen, kartoniert. ●●●

Erfolgstips für den Obstgarten
Gesunde Früchte durch richtige Sortenwahl und Pflege
(**0827**-9) Von F. Mühl, 184 S., 16 Farbtafeln, 33 Zeichnungen, kartoniert. ●●

Erfolgstips für den Gemüsegarten
Mit naturgemäßem Anbau zu höherem Ertrag. (**0674**-8) Von F. Mühl, 80 Seiten, 30 s/w-Fotos, 4 Zeichnungen, kartoniert. ●●

Obstgehölze sachgemäß schneiden
(**1127**-X) Von P. G. Wilhelm, 136 Seiten, 8 s/w-Abb., 367 Zeichnungen, kart.●●

Kompost im Hausgarten
herstellen und anwenden
(**1258**-6) Von H. Abels, J. Jöstingmeier, ca. 30 zweifarbige Zeichnungen, kart. ●

Der naturgemäße Zier- und Wohngarten
Anlegen · Gestalten · Pflegen
(**0748**-5) Von I. Gabriel, 128 S., 72 Farbfotos, 46 Farbzeichnungen, kartoniert. ●●

Natürlich gärtnern unter Glas und Folie
Anbauen und ernten rund ums Jahr
(**0722**-1) Von I. Gabriel, 128 S., 62 Farbfotos, 45 Farbzeichnungen, kartoniert. ●●

Nützliche Tiere im Garten
(**1472**-4) Von I. Polaschek, ca. 112 Seiten, ca. 120 Farbf., ca. 10 Farbzeichn., kartoniert. ●●

Schneckenbekämpfung
giftfrei und naturgemäß
(**1378**-7) Von B. Meyer, Y. Thalheim, 64 S., 25 s/w-Zeichnungen, 8 Farbtafeln, kart. ●●

Dekorative Kübelpflanzen
Auswahl und Plfege
(**1074**-5) Von H. Jantra, 112 S., 180 Farbfotos, 35 Farbzeichnungen, kartoniert. ●●

Blütenpracht auf Balkon und Terrasse
(**0928**-3) Von M. Haberer, 88 S., 139 Farbfotos, kartoniert. ●●

Moderne Gartengestaltung
(**1255**-1) Von K. Greiner, A. Weber, 128 S., mit Rasterbogen und Planelementen zum Ausschneiden, ca. 120 Farbfotos, ca. 20 vierfarbige Pläne, kartoniert. ●●●

Gestaltungsideen für
Schöne Gärten
(**4482**-8) Von H. Jantra, 168 S., 309 Farbfotos, 3 s/w-Fotos,, Pappband. ●●●●●

Der pflegeleichte Hausgarten
(**1170**-9) Von H. Jantra, 112 S., vierfarbige Abbildungen, kartoniert. ●●

Schöne Kräutergärten
(**1256**-X) Von H. Jantra, 112 S., vierfarbige Abbildungen, kartoniert. ●●

Kleingärten
Planen · Anlegen · Pflegen
(**1015**-X) Von H. Jantra, 88 S., 123 Farbfotos, 1 s/w-Foto, 14 Farbzeichnungen,, kart. ●●

Reihenhausgärten
Planen · Anlegen · Pflegen
(**1016**-8) Von H. Jantra, 104 S., 134 Farbfotos, 45 Farbzeichnungen, kartoniert. ●●

Kletterpflanzen
Mit Sonderteil Dachbegrünung
(**4546**-8) Von U. Mehl, K. Werk, 128 S., ca. 150 Farbfotos, farbige und s/w-Zeichnungen, Pappband. ●●●●●

Steingärten Wirkungsvoll gestalten und sachgerecht pflegen
(**4452**-6) Von A. Throll-Keller, 128 Seiten, 203 Farbfotos, 56 Farbzeichnungen, Pappband. ●●●●

Gartenteiche, Tümpel und Weiher
naturnah anlegen und pflegen
(4073-7) Von Dr. F. Liedl, H. Goos, 80 Seiten, 57 Farbfotos, 39 Farbzeichnungen, kart. ●●

Wasser im Garten
Von der Vogeltränke zum Naturteich · Natürliche Lebensräume selbst gestalten.
(4230-2) Von H. Hendel, P. Keßeler, 240 S., 315 Farbabb., 11 s/w-Fotos, Pappband. ●●●●●

Pflanzen und Tiere für den Gartenteich
(4171-7) Von W. Costa, 128 S., 169 Farbfotos, 10 Farbzeichnungen, 8 Bepflanzungspläne, kartoniert. ●●

Gestaltungsideen für den Wohngarten
Sitzplätze, Terrassen, Höfe und andere grüne Räume
(4751-7) Von H. Jantra, ca. 120 Seiten, ca. 100 Farbfotos und -zeichnungen, gebunden. ●●●●

Wintergärten
Das Erlebnis, mit der Natur zu wohnen. Planen, Bauen und Gestalten.
(4256-6) Von LOG ID, 136 S., 130 Farbfotos, 107 Zeichnungen, Pappband. ●●●●●

Rund ums Jahr erfolgreich gärtnern
Gewächshäuser
planen · bauen · einrichten · nutzen
(4408-9) Von Dr. G. Schoser, J. Wolff, 232 S., 368 Farbabb., 5 s/w-Fotos, Pappbd. ●●●●●

Das moderne Handbuch **Zimmerpflanzen**
(4416-X) Von H. Jantra, 304 S., 766 Farbfotos, 64 Farb- und 19 s/w-Zeichnungen, Pappband. ●●●●

365 Erfolgstips für schöne Zimmerpflanzen
(0893-7) Von H. Jantra, 144 S., 215 Farbfotos, kartoniert. ●●

Dekorative Blattpflanzen
Auswahl und Pflege
(1128-8) Von H. Jantra, 128 S., 198 Farbfotos, 20 Farbzeichnungen, kartoniert. ●●

Arbeitskalender für Zimmergärtner
(1473-2) Von H. Jantra, 112 Seiten, ca. 120 Farbfotos, kartoniert. ●●

Prof. Stelzers grüne Sprechstunde
Gesunde Zimmerpflanzen
Krankheiten erkennen und behandeln. Mit neuem Diagnosesystem.
(4274-4) Von Prof. Dr. G. Stelzer, 192 Seiten, 410 Farbfotos, 10 s/w-Zeichnungen, Pappband. ●●●●

Hydrokultur
Pflanzen ohne Erde – mühelos gepflegt.
(0944-5) Von H.-A. Rotter, 144 S., 167 Farbfotos, 13 Farbzeichnungen, kartoniert. ●●

Gesunde Pflanzen in
Hydrokultur
(1257-8) Von H.-A. Rotter, 80 Seiten, ca. 60 s/w-Zeichnungen, 8 Farbtafeln, kartoniert. ●

Bonsai Japanische Miniaturbäume und Miniaturlandschaften. Anzucht, Gestaltung und Pflege.
(4091-1) Von B. Lesniewicz, 160 S., 106 Farbfotos, 46 s/w-Fotos, 115 Zeichnungen, gebunden. ●●●●●

Kakteen
Auswahl · Pflege · Vermehrung
(1429-5) Von G. Andersohn, ca. 120 S., zahlr. Farbabbildungen, kartoniert. ●●●

Tiere

Grzimek Juniors **BUNTE TIERWELT**
(4295-7) Von Chr. Grzimek, 208 S., 308 Farbfotos, Pappband. ●●●●

Hunde
Rassen · Ausbildung · Pflege · Zucht
(4118-7) Von H. Bielfeld, 192 S., 222 Farb- und 73 s/w-Abb., Pappband. ●●●●

Das neue Hundebuch
Rassen · Aufzucht · Pflege (0009-X) Von W. Busack, überarbeitet von Dr. med. vet. A. H. Hacker und H. Bielfeld, 112 S., 8 Farbtafeln, 27 s/w-Fotos, 6 Zeichnungen, kartoniert. ●

Alles über Dackel, Teckel und Dachshunde
(1079-6) Von M. Wein-Gysae, 80 Seiten, 46 Farbfotos, 2 zweifarbige Zeichnungen, kartoniert. ●●

Hundeausbildung
Verhalten · Gehorsam · Ausbildung
(0346-3) Von R. Menzel, 88 S., 26 Fotos, kartoniert. ●

Grundausbildung für Gebrauchshunde
Schäferhund, Boxer, Rottweiler, Dobermann, Riesenschnauzer, Airedaleterrier, Hovawart und Bouvier.
(0801-5) Von M. Schmidt und W. Koch. 104 S., 8 Farbtafeln, 51 s/w-Fotos, 5 s/w-Zeichnungen, kartoniert. ●●

Der Hund in der Familie
(1014-1) Von J. Werner, 128 S., 106 Farbfotos, kartoniert. ●●

Der Deutsche Schäferhund
(1091-5) Von U. Förster, 112 S., 47 Farbzeichnungen, 2 s/w-Fotos, kartoniert. ●●

Der Deutsche Schäferhund
Aufzucht · Pflege und Ausbildung
(0073-1) Von A. Hacker, 104 S., 56 Abb., kart. ●

Alles über junge Hunde
(0863-5) Von Dr. med. vet. E. M. Bartenschlager, 64 S., 49 Farbfotos, 6 Zeichnungen, kartoniert. ●●

Richtige Hundeernährung
(0811-2) Von Dr. med. vet. E. M. Bartenschlager, 80 S., 51 Farbf., 4 Farbzeichn, kart. ●●

Hundekrankheiten
(1077-X) Von Dr. med. vet. R. Spangenberg, 96 S., 44 Farb- und 1 s/w-Foto, 22 Farbzeichnungen, kartoniert. ●●

Von Ajax bis Zamperl
Die beliebtesten Hunde-Namen
(1174-1) Von H.-J. Schließke, 96 Seiten, kart. ●

Die Katze in der Familie
(1076-1) Von U. Birr, 136 S., 112 Farbf., kart. ●●

Katzen
Rassen · Verhalten · Pflege · Zucht
(4158-6) Von B. Gerber, 176 S., 294 Farb- und 88 s/w-Fotos, Pappband. ●●●●

Das neue Katzenbuch
Rassen · Aufzucht · Pflege.
(0427-3) Von B. Eilert-Overbeck, 120 Seiten, 14 Farbfotos, 26 s/w-Fotos, kartoniert. ●

Katzenkrankheiten
erkennen und behandeln
(1078-8) Von Dr. med. vet. R. Spangenberg, 104 S., 40 Farbfotos und 11 Farbzeichnungen, kartoniert. ●●

Junge Katzen
(0862-7) Von Dr. med. vet. E. M. Bartenschlager, 72 S., 40 Farbfotos, 4 Farbzeichnungen, kartoniert. ●●

Pferde
(4186-1) Von H. Werner, 176 S., 196 Farb- und 50 s/w-Fotos, 100 Zeichnungen, Pappband. ●●●●

Reiten auf Gangpferden
Isländer, Pasos, Saddlehorses und andere Freizeitpferde
(4716-9) Von Dr. med. vet. H. Jung, ca. 112 S., zahlreiche Abbildungen, kartoniert. ●●●

Reiten im Bild
(0415-X) Von H. Werner, 128 S., 142 Farbfoyos, 107 Farbzeichnungen, kartoniert. ●●

Der Hobby-Imker
(0978-X) Von Dr. R. F. A. Moritz, 144 S., 106 zweifarbige Zeichnungen, kart. ●●

Geflügelhaltung als Hobby
(0749-3) Von M. Baumeister, H. Meyer, 184 S., 8 Farbtafeln, 47 s/w-Fotos, 15 zweifarbige Zeichnungen, kartoniert. ●●●

Sittiche und kleine Papageien
(0864-3) Von Dr. med. vet. E. M. Bartenschlager, 88 S., 84 Farbfotos, 9 Zeichnungen, kartoniert. ●●

Alles über Großsittiche
(1320-5) Von H. Bielfeld, 88 S., 88 Farbfotos, 3 Farbzeichnungen, kartoniert. ●●

Alles über Wellensittiche
(1129-6) Von H. Bielfeld, 64 S., 53 Farbfotos, 3 Zeichnungen, kartoniert. ●●

Alles über Kanarienvögel
(0901-1) Von H. Schnoor, 64 S., 58 Farbfotos und Zeichnungen, kartoniert. ●●

Nymphensittiche
Auswahl · Haltung · Pflege
(1474-0) Von F. Moll, ca. 64 Seiten, durchgehend vierfarbig, kartoniert. ●●

Beos
Haltung · Pflege · Zucht
(1475-9) Von M. Wagner, ca. 64 Seiten, durchgehend vierfarbig, kartoniert. ●●

Elternlose Jungvögel
Erste Hilfe · Aufzucht · Auswilderung
(1319-1) Von I. Polaschek, 80 S., 80 Farbfotos, 5 Farbzeichnungen, kartoniert. ●●

Diskusfische
Arten · Haltung · Pflege
(1432-5) Von H. Hirsch, 64 Seiten, 43 Farbfotos, kartoniert. ●●

Die Tiersprechstunde
Gesunde Fische im Süßwasseraquarium
(1013-3) Von H. J. Mayland, 96 S., 73 Farbfotos, 10 Zeichnungen, kartoniert. ●●

Alles über Zwerg- und Goldhamster
(1012-5) Von M. Mettler, 96 S., 96 Farbfotos, kartoniert. ●●

Alles über Chinchillas und Degus
(1130-X) Von M. Mettler, 96 S., 80 Farbfotos, 3 Zeichnungen, kartoniert. ●●

Alles über Meerschweinchen
(0809-0) Von Dr. med. vet. E. M. Bartenschlager, 72 S., 43 Farbfotos, 11 Farbzeichnungen, kartoniert. ●●

Alles über Zwergkaninchen
(1075-3) Von M. Mettler,. 64 S., 52 Farbfotos, kartoniert. ●●

Alles über Rennmäuse
(1318-3) Von M. Mettler, 80 S., 74 Vignetten, kartoniert. ●●

Sport und Fitneß

Neue Lehrmethoden der Judo-Praxis
(0424-9) Von P. Herrmann, 223 S., 475 Abb., kartoniert. ●●

Judo perfekt 1
(1249-7) Von K. Fuchs, 128 S., kartoniert. ●●

Judo perfekt 2
Wettkampftechniken im Stand
(1461-9) Von K. Fuchs, ca. 144Seiten, kartoniert. ●●

Fußwürfe
für Judo, Karate und Selbstverteidigung.
(0439-7) Von H. Nishioka, übers. von H. J. Heese, 96 S., 260 Abb., kartoniert. ●●

Karate 1
zur Selbstverteidigung
(1312-4) Von M. Nakayama, 96 Seiten, 315 s/w-Fotos, 5 Zeichn., kartoniert. ●●

Karate 2
zur Selbstverteidigung
(**1362**-0) Von M. Nakayama, 96 Seiten, 245 s/w-Fotos, kartoniert. ●●

Nakayamas Karate perfekt 1
Einführung.
(**0487**-7) Von M. Nakayama, 136 Seiten, 605 s/w-Fotos, kartoniert. ●●

Nakayamas Karate perfekt 2
Grundtechniken.
(**0512**-1) Von M. Nakayama, 136 Seiten, 354 s/w-Fotos, 53 Zeichnungen, kart. ●●

Nakayamas Karate perfekt 3
Kumite 1: Kampfübungen.
(**0538**-5) Von M. Nakayama, 128 Seiten, 424 s/w-Fotos, kartoniert. ●●

Nakayamas Karate perfekt 4
Kumite 2: Kampfübungen.
(**0547**-4) Von M. Nakayama, 128 Seiten, 394 s/w-Fotos, kartoniert. ●●

Nakayamas Karate perfekt 5
Kata 1: Heian, Tekki.
(**0571**-7) Von M. Nakayama, 144 Seiten, 1229 s/w-Fotos, kartoniert. ●●

Nakayamas Karate perfekt 6
Kata 2: Bassai-Dai, Kanku-Dai.
(**0600**-4) Von M. Nakayama, 144 Seiten, 1300 s/w-Fotos, 107 Zeichnungen, kart. ●●

Nakayamas Karate perfekt 7
Kata 3: Jitte, Hangetsu, Empi.
(**0618**-7) Von M. Nakayama, 144 Seiten, 1988 s/w-Fotos, 105 Zeichnungen, kart. ●●

Nakayamas Karate perfekt 8
Gankaku, Jion.
(**0650**-0) Von M. Nakayama, 144 Seiten, 1174 s/w-Fotos, 99 Zeichnungen, kart. ●●

Karate
(**2308**-1) Von A. Pflüger, 96 S., 134 Farbfotos, 4 s/w-Zeichnungen, kartoniert. ●●

Bo-Karate
Hanbo-Jitsu – die Techniken des Stockkampfes.
(**0447**-8) Von G. Stiebler, 176 S., 424 s/w-Fotos, 38 Zeichnungen, kartoniert. ●●

Karate 1
Einführung · Grundtechniken.
(**0227**-0) Von A. Pflüger, 144 S., 195 s/w-Fotos, 120 Zeichnungen, kartoniert. ●

Karate 2
Kombinationstechniken · Katas.
(**0239**-4) Von A. Pflüger, 176 S., 452 s/w-Fotos und Zeichnungen, kartoniert. ●●

Karate Kata 1
Heian 1–5, Tekki 1, Bassai-Dai.
(**0683**-7) Von W.-D. Wichmann, 164 Seiten, 703 s/w-Fotos, kartoniert. ●●

Karate Kata 2
Jion, Empi, Kanku-Dai, Hangetsu.
(**0723**-X) Von W.-D. Wichmann, 140 Seiten, 661 s/w-Fotos, 4 Zeichnungen, kart. ●●

Karate Kata 3
Bassai Sho, Kanku Sho, Nijushiho, Sochin.
(**1120**-2) Von W.-D. Wichmann, 144 Seiten, 598 s/w-Fotos, 4 Grafiken, kart. ●●

Dragon – der Drache
Die Bruce-Lee-Story
(**1415**-5) Von L. Lee, 192 S., 257 s/w-Fotos, kartoniert. ●●●

Bruce Lees Kampfstil 1
Grundtechniken
(**0473**-7) Von B. Lee, M. Uyehara, 109 Seiten, 220 Abbildungen, kartoniert. ●

Bruce Lees Kampfstil 2
Selbstverteidigungs-Techniken
(**0486**-9) Von B. Lee, M. Uyehara, 128 Seiten, 310 Abb., kartoniert. ●

Bruce Lees Kampfstil 3
Trainingslehre
(**0503**-2) Von B. Lee, M. Uyehara, 112 Seiten, 246 Abbildungen, kartoniert. ●

Bruce Lees Kampfstil 4
Kampftechniken
(**0532**-7) Von B. Lee, M. Uyehara, 104 Seiten, 211 Abbildungen, kartoniert. ●

Bruce Lee Kung-Fu
zur Selbstverteidigung
(**1399**-X) Von B. Lee, 104 Seiten, 120 s/w-Abbildungen, kartoniert. ●●

Chuck Norris
Meine Karatetechnik
Erfolgreich in Angriff und Abwehr
(**1460**-0) Von C. Norris, 128 Seiten, kartoniert. ●

Shaolin Kung-Fu 1
Grundlagen chinesischer Kampfkunst
(**1363**-9) Von C. D. Yao, R. Fassi, 124 Seiten, 207 s/w-Fotos, 30 s/w-Zeichn., kart. ●●●

Shaolin Kung-Fu 2
Kampftechniken für Angriff und Abwehr
(**1416**-3) Von C. D. Yao, R. Fassi, 144 Seiten, 581 s/w-Abb., kartoniert. ●●

Kung-Fu 1
Legende · Philosophie · Grundtechniken
(**0891**-0) Von Chr. Yim, 152 S., 401 s/w-Fotos, 2 s/w-Zeichnungen, kartoniert. ●●

Kung-Fu und Thai-Chi
Grundlagen und Bewegungsabläufe
(**0367**-6) Von B. Tegner, 182 Seiten, 370 s/w-Fotos, kartoniert. ●●

Kung Fu
Theorie und Praxis klassischer und moderner Stile
(**0376**-5) Von M. Pabst, 160 Seiten, 330 Abbildungen, kartoniert. ●●

Bruce Lees Jeet Kune Do
(**0440**-0) Von B. Lee, 192 S., mit 105 eigenhändigen Zeichnungen von B. Lee, kartoniert. ●●●

Shaolin-Kempo – Kung-Fu
Chinesisches Karate im Drachenstil.
(**0395**-1) Von R. Czerni, K. Konrad, 246 S., 723 Abbildungen, kartoniert. ●●

Kickboxen
Fitneßtraining und Wettkampfsport.
(**0795**-7) Von G. Lemmens, 96 S., 208 s/w-Fotos, 23 Zeichnungen, kartoniert. ●●

Ninja 1
Die Lehre der Schattenkämpfer.
(**0758**-2) Von S. K. Hayes, übers. von J. Schmit, 144 Seiten, 137 s/w-Fotos, kartoniert. ●●

Ninja 2
Die Wege zum Shoshin.
(**0763**-9) Von S. K. Hayes, übers. von J. Schmit, 160 S., 309 s/w-Fotos, 2 Zeichnungen, kartoniert. ●●

Ninja 3
Der Pfad des Togakure-Kämpfers.
(**0764**-7) Von S. K. Hayes, übers. von J. Schmit, 144 S., 197 s/w-Fotos, 2 Zeichnungen, kartoniert. ●●

Ninja 4
Das Vermächtnis der Schattenkämpfer.
(**0807**-4) Von S. K. Hayes, übers. von J. Schmit, 196 Seiten, 466 s/w-Fotos, kartoniert. ●●

Taekwondo perfekt 1
Die Formenschule bis zum Blaugurt.
(**0890**-2) Von K. Gil, Kim Chul-Hwan, 176 Seiten, 439 s/w-Fotos, 107 Zeichnungen, kartoniert. ●●

Taekwondo perfekt 2
Die Formenschule vom Blau- bis zum Schwarzgurt.
(**0976**-3) Von K. Gil, K. Chul-Hwan, 192 Seiten, 461 s/w-Fotos, 112 Zeichnungen, kartoniert. ●●

Taekwondo perfekt 3
(**1068**-0) Von K. Gil, K. Chul-Hwan, 200 S., 429 s/w-Fotos, kartoniert. ●●●

Taekwondo perfekt 4
(**1250**-0) Von K. Gil, 160 S., zahlr. s/w-Fotos und Schrittdiagramme, 17 Übungstafeln zum Herausnehmen, kart. ●●●

Ju-Jutsu 1
Grundtechniken · Moderne Selbstverteidigung.
(**0276**-9) Von W. Heim, F. J. Gresch, 164 S., 450 s/w-Fotos, 8 Zeichn., kartoniert. ●●

Ju-Jutsu 2
für Fortgeschrittene und Meister.
(**0378**-1) Von W. Heim, F. J. Gresch, 160 S., 798 s/w-Fotos, kartoniert. ●●

Ju-Jutsu 3
Spezial-, Gegen- und Weiterführungs-Techniken · Stockkampfkunst.
(**0485**-0) Von W. Heim, F. J. Gresch, 200 S., über 600 s/w-Fotos, kartoniert. ●●

Aikido
Lehren und Techniken des harmonischen Weges.
(**0537**-7) Von R. Brand, 280 Seiten, 697 Abbildungen, kartoniert. ●●

Hap Ki Do
Koreanische Selbstverteidigung nach dem Lehrsystem des Großmeisters.
(**0379**-X) Von Kim Sou Bong, 112 Seiten, 152 Abbildungen, kartoniert. ●●

Dynamische Tritte
Grundlagen für den Zweikampf.
(**0438**-9) Von C. Lee, 96 S., 398 s/w-Fotos, 10 Zeichnungen, kartoniert. ●●

Super-Tritte
(**1248**-9) Von W. Wallace, 136 S., kart. ●●

Selbstverteidigung
Abwehrtechniken für Sie und Ihn.
(**0853**-8) Von E. Deser, 96 S., 259 s/w-Fotos, kartoniert. ●

Die Faszination athletischer Körper
Bodybuilding
mit Weltmeister Ralf Möller.
(**4281**-7) Von R. Möller, 128 Seiten, 169 Farbfotos, 14 s/w-Fotos, 1 Farbzeichnung, Pappband. ●●●●

Ladyfitneß
Das neue Körperbewußtsein der Frau
Bodyshaping · Körperpflege · Ernährung · Entspannung
(**4433**-X) Von Prof. Dr. S. Starischka, B. Grabis, D. von Cramm, G. W. Kienitz, 128 S., 227 Farbfotos, Pappband. ●●●●

Bodybuilding für Frauen
Wege zu Ihrer Idealfigur
(**0661**-6) Von H. Schulz, 112 S., 84 s/w-Fotos, 4 Zeichnungen, kartoniert. ●

Bodybuilding
Anleitung zum Muskel- und Konditionstraining für sie und ihn
(**0604**-7) Von R. Smolana, 160 S., 171 s/w-Fotos, kartoniert. ●●

Bodybuilding
(**2314**-6) Von L. Spitz, 112 S., 203 Farbabbildungen, 10 Tabellen. ●●

Leistungsfähiger durch Krafttraining
Eine Anleitung für Fitness-Sportler, Trainer und Athleten.
(**0617**-9) Von W. Kieser, 96 S., 20 s/w-Fotos, 62 Zeichnungen, kartoniert. ●

Krafttraining
Wirbelsäulengerechte Übungen an und mit Geräten
(**1309**-4) Von A. Balk, 48 S., 8 Bildtafeln, Spiralbindung. ●●●

Muskeltraining mit Hanteln
Leistungssteigerung für Sport und Fitneß
(**0676**-4) Von H. Schulz, 104 S., 92 s/w-Fotos, 2 Zeichnungen, kartoniert. ●

Ausdauertraining
Einführung und Grundtechniken
(**1396**-5) Von G. Eyting, 32 S., 41 Farbfotos, 21 Farbzeichn., kartoniert. ●●●

anteltraining zu Hause
)800-7) Von W. Kieser, 80 S., 71 s/w-Fotos,
Zeichnungen, kartoniert. ●

ptimale Ernährung
ür Krafttraining und Bodybuilding.
)912-7) Von B. Dahmen, 88 S., 8 Farbtafeln,
Zeichnungen, kartoniert. ●●

ufwärmen
bungen und Programme für Sport und Spiel
1311-6) Von Dr. H. Wolff, 40 S., 8 Bildtafeln,
piralbindung. ●●●

itneßtraining
mpfohlen vom Deutschen Sportbund
1245-4) Von Marianne Schreiber, 32 Seiten,
piralbindung mit Ausklapptafeln. ●●

Virbelsäulengymnastik
mpfohlen vom Deutschen Sportbund
1246-2) Von L. Keller, 40 Seiten, Spiral-
bindung mit Ausklapptafeln. ●●●

Aerobics
ow Impact, High-Impact, Step-Aerobic
1421-X) Von M. Freytag-Baumgartner, 44 S.,
3 Farbtafeln, 84 Farbfotos, 16 s/w-Fotos,
Spiralbindung, kartoniert. ●●●

Stretching
Empfohlen vom Deutschen Sportbund
1247-0) Von A. Balk, 40 Seiten, Spiralbin-
dung mit Ausklapptafeln. ●●

sometrisches Training
Übungen für Muskelkraft und Entspannung.
0529-6) Von L. M. Kirsch, 104 S., 150 s/w-
Fotos, kartoniert. ●●

Stretching
Mit Dehnungsgymnastik zu Entspannung,
Geschmeidigkeit und Wohlbefinden.
0717-5) Von H. Schulz, 80 S., 90 s/w-Fotos,
kartoniert. ●

Stretching
(2304-9) Von B. Kurz, 96 S., 255 Farbfotos,
kartoniert. ●●

Gesund und fit durch Gymnastik
(0366-8) Von H. Pilss-Samek, 88 Seiten,
130 Abbildungen, kartoniert. ●

Funktionelles Körpertraining
Grundlagen und Bewegungsprogramme
(1367-1) Von A. Balk, 40 S., 100 Farbfotos,
kartoniert. ●●●

Spielerisch zur Kondition
Über 100 Trainingsspiele zur Verbesserung
von Ausdauer, Schnelligkeit, Kraft und
Beweglichkeit
(1214-4) Von U. Stumpp, 120 S., 30 Grafiken,
kartoniert. ●●●

AOK-Videothek
Top-Form Gymnastik
Ein Bewegungsprogramm für pfundige Leute
(6144-7) VHS, ca. 30 Minuten,
in Farbe. ●●●●*

Fit und frisch
Gymnastik für die ganze Familie
(6501-9) Von G. Sieber, 104 S., 306 Farbfotos,
5 Farbzeichnungen, kart., mit Audiokassette,
Laufzeit 30 Min. ●●●

Sportjahr 93
Rekorde · Siege · Schicksale · Ergebnisse
Mit Sonderteil Leichtathletik-WM
(4690-1) 176 Seiten, 373 Farbfotos, Papp-
band. ●●●

Freeclimbing
Technik und Training
(1251-9) Von T. Strobl, 144 Seiten, durchge-
hend vierfarbig, kartoniert. ●●●

Fechten
Florett · Degen · Säbel.
(0449-4) Von E. Beck, 88 Seiten, 185 Fotos,
10 Zeichnungen, kartoniert. ●●

SportRegeln Volleyball
(1368-X) 88 S., 5 Farbtafeln, 19 s/w-Fotos,
kartoniert. ●●

Fußball
(2309-X) Von H. Obermann, P. Walz,
112 Seiten, 47 Farbfotos, 18 Farb- und
25 s/w-Zeichnungen, kartoniert. ●●

Sepp Maier
Super-Torwart-Training
(4451-8) Von S. Maier, 168 S., 30 Farb- und
34 s/w-Fotos, 236 zweifarbige Zeichnungen,
Pappband. ●●●●

Fußballtraining für Kinder und Jugendliche
Spiel- und Übungsformen zu Technik und
Taktik
(1463-5) Von S. Asmus u. a., ca. 128 Seiten,
durchgehend vierfarbig, kartoniert. ●●

SportRegeln
American Football
(1165-2) 136 S., 18 s/w-Fotos, kartoniert. ●

Streetball
Technik · Taktik · Spiel
(1465-1) Von J. Bezler und T. Paganetti,
ca. 80 Seiten, durchgehend vierfarbig,
kartoniert. ●●

Handball
Technik · Taktik · Regeln.
(0426-5) Von F. und P. Hattig, 128 Seiten,
91 s/w-Fotos, 121 Zeichnungen, kart. ●●

Handball
Grundlagen für Training und Spiel
(2321-9) Von H.-P. Oppermann, 120 Seiten,
39 Farbtafeln, 12 s/w-Fotos, 108 Farbzeich-
nungen, kartoniert. ●●

SportRegeln Handball
Die offiziellen Regeln
Wissenswertes von A bis Z
(1099-6) 88 Seiten, 32 s/w-Fotos, 14 Zeich-
nungen, kartoniert. ●

SportRegeln Rugby
Die offiziellen Regeln
Wissenswertes von A bis Z
(1216-0) 96 Seiten, zahlreiche zweifarbige
Abbildungen, kartoniert. ●

Tennis
Technik · Taktik · Regeln.
(0375-7) Von W. u. S. Taferner, 112 Seiten,
81 Abbildungen., kartoniert. ●

SportRegeln Tennis
Die offiziellen Regeln
Wissenswertes von A bis Z
(1097-4) 88 S., 24 s/w-Fotos, 6 Zeichnungen,
kartoniert. ●

Tischtennis-Technik
Der individuelle Weg zu erfolgreichem Spiel.
(0775-2) Von M. Perger, 144 Seiten,
296 Abbildungen, kartoniert. ●●

SportRegeln Tischtennis
Die offiziellen Regeln
Wissenswertes von A bis Z (1252-7) 96 S.,
zahlreiche zweifarbige Abb., kart. ●

Badminton
Technik · Taktik · Training.
(0699-3) Von K. Fuchs, L. Sologub, 168 S.,
51 Abbildungen, kartoniert. ●●

SportRegeln
Badminton
(1101-6) 84 S., kartoniert. ●

Squash
(2311-1) Von P. Langhammer, R. Michna, 96 S.,
86 Farbfotos, 13 Farbzeichn., kartoniert. ●●

Squash
Ausrüstung · Technik · Regeln
(0539-3) Von D. von Horn, H.-D. Stünitz,
96 S., 55 s/w-Fotos, 25 Zeichnungen, kart. ●

SportRegeln Squash
Wissenswertes von A bis Z
(1100-8) 64 S., 11 s/w-Fotos, 23 Zeichnungen,
kartoniert. ●

Darts
Technik · Taktik · Spiel
(1466-X) Von R.W. Sohlbach, ca. 112 S., kart. ●●

Golf
Neue Wege zum erfolgreichen Spiel
(4509-3) Von O. Heuler, ca. 144 S., zahlr.
Farbabbildungen, Pappband. ●●●●●

SportRegeln Golf
(1315-9) 96 S., 19 s/w-Fotos, kartoniert. ●

Golf
Ausrüstung und Technik.
(0343-9) Von J. C. Jessop, 96 S., 57 Abb.,
Anhang Golfregeln des DGV, kart. ●

Eishockey
Lauf- und Stocktechnik, Körperspiel, Taktik,
Ausrüstung und Regeln.
(0414-1) Von J. Čapla, 264 S., 548 s/w-Fotos,
163 Zeichnungen, kartoniert. ●●●

SportRegeln
Eishockey
(1098-2) 116 Seiten, kartoniert. ●

Billard
Grundstöße · Viertelbillard und Freie Partie
(1313-2) Von Dr. H. Stingel, 112 Seiten,
196 Zeichnungen, kartoniert, ●●●

Grundlagen für Training und Spiel
Pool-Billard
(2318-9) Von B. Pejcic, R. Meyer, 96 S., durch-
gehend vierfarbig, kartoniert. ●●

Pool-Billard
(0484-2) Herausgegeben vom Deutschen
Pool-Billard-Bund. Von M.Bach, K.-W. Kühn,
104 S., 64 Abbildungen, kartoniert. ●

FALKEN Video
Reiten
Von der ersten Stunde bis zum Ausritt
(6097-1) VHS, ca. 60 Min., in Farbe, mit
Begleitheft. ●●●●*

Reiten
(2322-7) Von T. Eckholt, 128 S., durchgehend
vierfarbig, kartoniert. ●●

Tanzstunde
Das Welttanzprogramm leicht gelernt
(4409-2) Von G. Hädrich, 164 S., 489 s/w-
Fotos, 63 Zeichnungen, Pappband. ●●●

Wir lernen Tanzen
(0200-9) Von E. Fern, 152 S., 119 s/w-Fotos,
47 Zeichnungen, kartoniert. ●●

Anmutig und fit durch
Bauchtanz
(0911-9) Von Marta, 120 S., 229 Farbfotos,
6 s/w-Zeichnungen, kartoniert. ●●●

Segeln
(1364-X) Von H. Mönster u.a., ca. 128 Seiten,
durchgehend vierfarbig, zahlr. Abbildungen,
kartoniert. ●●●

Sporttauchen
Theorie und Praxis des Gerätetauchens
(0647-0) Von S. Müßig, 144 S., 8 Farbtafeln,
35 s/w-Fotos, 89 Zeichnungen, kart. ●●

Fit mit Sporttauchen
(2320-0) Von Dr. F. Naglschmid, 112 Seiten,
71 Farbfotos, 21 Zeichnungen, kart. ●●

Angelfischerei von Aal bis Zander
Fische · Geräte · Technik.
(0324-2) Von H. Oppel, 72 Seiten, 16 Farb-
tafeln, 49 s/w-Abb., kartoniert. ●●

Angeln
Kleine Fibel für den Sportfischer.
(0198-3) Von E. Bondick, 80 Seiten, 4 Farb-
tafeln, 116 Abbildungen, kartoniert. ●

Snowboarding
Ausrüstung · Fahrtechnik · Wettkämpfe
Videokassette (6139-0) VHS, ca. 45 Min.,
in Farbe. ●●●●*

Fibel für Kegelfreunde
Sport- und Freizeitkegeln · Bowling
(0191-6) Von G. Bocsai, 72 Seiten, 62 Abb.,
kartoniert ●

111 spannende Kegelspiele
(2031-7) Von H. Regulski, 80 S., 53 Zeich-
nungen, kartoniert. ●

Mensch und Gesundheit

Der moderne Ratgeber
Wir werden Eltern
Schwangerschaft · Geburt · Erziehung des Kleinkindes.
(**4269**-8) Von B. Nees-Delaval, 376 Seiten, 335 2-farbige Abb., Pappband. ●●●●

Ich freue mich auf mein Baby
Ratgeber und Tagebuch für die Schwangerschaft
(**4711**-8) Von E. Portz-Schmitt, 184 S., 18 Farbfotos, 72 Farbzeichn., Pappband. ●●●●

Ich bekomme ein Baby
Wegweiser für Schwangerschaft und Geburt
(**1254**-3) Von B. Nees-Delaval, 144 Seiten, durchgehend zweifarbig, kartoniert. ●●

Wenn der Mensch zum Vater wird
Ein heiter-besinnlicher Ratgeber
(**4259**-0) Von D. Zimmer, 160 S., 20 Zeichnungen, Pappband. ●●●

AOK Bibliothek
Schwangerschaftsgymnastik und Geburtsvorbereitung
(**1423**-6) Von L. Keller, 112 S., 137 Farbfotos, 12 Farbzeichnungen, kartoniert. ●●●

Vorbereitung auf die Geburt und
Schwangerschaftsgymnastik
Atmung, Rückbildungsgymnastik,
(**0251**-3) Von S. Buchholz, 112 Seiten, 98 s/w-Fotos, kartoniert. ●

AOK-Bibliothek
Rückbildungsgymnastik
Informationen, Tips und Übungen
(**1470**-8) Von L. Keller, ca. 112 Seiten, zahlreiche Farbfotos und Farbillustrationen, kartoniert. ●●●*

AOK-Videothek
FALKEN Video
Rückbildungsgymnastik
Informationen, Tips und Übungen
(**6176**-5) Laufzeit ca. 30 Minuten. ●●●●*

Die Kunst des Stillens
nach neuesten Erkenntnissen
(**0701**-9) Von Prof. Dr. med. E. Schmidt, S. Brunn, 112 S., 20 Fotos und Zeichnungen, kartoniert. ●

Der große FALKEN BabyKurs
Pflege · Ernährung · Entwicklung · Erziehung
(**4739**-8) Von K. Schutt, ca. 352 Seiten, ca. 400 Farbfotos, gebunden. ●●●

Das Babybuch
Pflege · Ernährung · Entwicklung
(**0531**-8) Von A. Burkert, 96 Seiten, 76 zweifarbige Zeichnungen, 22 s/w-Zeichnungen, kartoniert. ●●

Babyfitneß
Massage, Spiele, Gymnastik und Schwimmen für Kinder im 1. Lebensjahr
(**1034**-6) Von G. Zeiß, 112 Seiten, 179 zweifarbige Illustrationen, , kartoniert. ●●

Wenn Kinder krank werden
Medizinischer Ratgeber für Eltern
(**4240**-X) Von B. Nees-Delaval, 232 Seiten, 163 Zeichnungen, Pappband. ●●●

Keinen Mann um jeden Preis
Das neue Selbstverständnis der Frau in der Partnerbeziehung
(**4440**-2) Von Shere Hite, Kate Colleran, 208 Seiten, Pappband. ●●●

Total verknallt ... und keine Ahnung?
Alles über Liebe, Sex und Zärtlichkeit
(**1024**-9) Von H. Bruckner, R. Rathgeber, 104 S., 38 Abbildungen, kartoniert. ●●

Streicheleinheiten für Körper und Seele
Partnermassage
(**4444**-5) Von Chr. Unseld-Baumanns, 136 S., 145 Farbfotos, Pappband. ●●●●

Partner gesucht
Die besten Tips und Strategien fürs Kennenlernen
(**1481**-3) Von Dr. C. Harmsen, 128 Seiten, kartoniert. ●●

freundin Ratgeber
Glück braucht Mut
Die Psycho-Logik des Jens Corssen
(**1176**-8) Von J. Corssen, B. Schmidt, 160 S., kartoniert. ●●

freundin Ratgeber
Die faire Trennung
Wie man mit Anstand auseinandergeht
(**1477**-5) Von I.Weber, ca. 144 S., kart. ●●

Angst und Panik
Ursachen · Symptome · Therapie
(**1422**-8) Von Prof. Dr. H.-R. Lückert, 176 S., kartoniert. ●●●

Wörterbuch der Medizin
(**4535**-2) 400 Seiten, 229 Farbfotos, Pappband. ●●●●

Bildatlas des menschlichen Körpers
(**4177**-2) Von G. Pogliani, V. Vannini, 112 Seiten, 402 Farbabbildungen, 28 s/w-Fotos, Pappband. ●●●●

Richtig essen bei
Nahrungsmittelallergien
(**4745**-2) Von Dr. med. C.Thiel, A. Ilies, 128 S., ca. 90 Farbf., gebunden. ●●●

Nahrungsmittelallergien
So ernähren Sie sich richtig!
(**0913**-5) Von Priv.-Doz. Dr. med. Dr. med. habil. J. von Mayenburg, Prof. Dr. med. Dr. phil. S. Borelli, E. Polster, 136 S., kart. ●●

Neurodermitis
Ursachen · Ganzheitliche Behandlung · Selbsthilfe
(**1218**-7) Von Prof. Dr. med. Dr. phil. S. Borelli, 144 S., kartoniert.●●

Bluthochdruck
Risikofaktoren · Vorbeugung · Behandlung
(**1125**-3) Von Prof. Dr. med. D. Klaus, R. Unsorg, G. Leibold, 152 S., 25 Farbfotos, 22 Farbzeichnungen, kartoniert.●●●

Arteriosklerose
Risikofaktoren/Vorbeugung/Therapie
Richtige Ernährung bei erhöhtem Cholesterinspiegel.
(**1020**-6) Von Prof. Dr. med. G. Assmann, Dr. troph. U. Wahrburg, 192 S., 84 farb. Abb., 4 s/w-Zeichnungen, kartoniert. ●●●

Asthma
Pseudokrupp, Bronchitis und Lungenemphysem
Krankheitsbilder · Diagnose · Therapie
(**1126**-1) Von Prof. Dr. med. W. Schmidt, S. Ertelt, 152 S., 110 zweif. Zeichn., kart. ●●●

Risiko Herzinfarkt
Empfohlen von der Deutschen Herzstiftung
(**1217**-9) Von C. Halhuber, M. J. Halhuber, 152 S., 38 Farb- und 8 s/w-Zeichnungen, kartoniert.●●●

So arbeitet das Immunsystem
Funktionsweise · Störungen · Natürliche Stärkung
(**1253**-5) Von V. Friebel, J. Ledvina, A. Roßmeier, 168 S., 18 Farbtafeln, 38 zweifarbige Zeichnungen, kartoniert.●●●

Diabetes
Krankheitsbild, Therapie, Kontrollen, Schwangerschaft, Sport, Urlaub, Alltagsprobleme. Neueste Erkenntnisse der Diabetesforschung. (**0895**-3) Von Dr. med. H. J. Krönke, 120 S., 4 Farbtafeln, 14 s/w-Fotos, 13 s/w-Zeichnungen, kartoniert. ●

AOK-Bibliothek
Gesunde Haut
Ratgeber für Pflege und Gesundheit
(**1468**-6) Von Dr. med. J. Müller und Dr. med. K.-U. Schmidt, ca. 112 Seiten, zahlr. Abbildungen, durchgehend vierfarbig, kart. ●●●

Naturkosmetik
Die Grundlagen gesunder und natürlicher Hautpflege.
(**1080**-X) Von N. E. Haas, 120 Seiten, 63 Farbabbildungen, kartoniert. ●●

Die sanfte Art des Heilens
Homöopathie
Praktische Anwendung und Arzneimittellehre
(**4418**-X) Von J. H. P. Kreuter, 216 S., 49 Zeichnungen, Pappband. ●●●

Aromatherapie
Gesundheit und Entspannung durch ätherische Öle.
(**1131**-8) Von K. Schutt, 96 S., 40 zweifarbige Abbildungen, kartoniert. ●●

Heilatmen
Ein Weg zu Lebenskraft und innerer Harmonie
(**1047**-8) Von K. Schutt, 112 S., 57 zweifarbige Abbildungen, kartoniert. ●●

Bewährte Naturheilverfahren bei
Herz-Kreislauf-Erkrankungen
(**1084**-2) Von Dr. med. O. Wolff, G. Leibold, 104 Seiten, kartoniert. ●

Risiko Herzinfarkt
(**1217**-9) Von Dr. C. Halhuber, Prof. Dr. M. J. Halhuber, 160 S., durchgehend zweifarbig, kartoniert. ●●●

Krebsangst und Krebs behandeln
Mit einem Vorwort von Prof. Dr. med. Friedrich Douwes.
(**0839**-2) Von G. Leibold, 104 Seiten, kartoniert. ●

Bewährte Naturheilverfahren bei
Krebs
(**1082**-6) Hrsg. H.-R. Heiligtag, 88 Seiten, kartoniert. ●

Heilen mit Blütenenergien
nach Dr. Bach
(**1141**-5) Von J. Wenzel, ca. 96 S., kartoniert. ●

Bewährte Naturheilverfahren bei
Migräne und Schlafstörungen
(**1081**-8) Von G. Leibold, Dr. med. H. Chr. Scheiner, 112 Seiten, kartoniert. ●

Gesunder Schlaf
Schlafstörungen ohne Medikamente erfolgreich behandeln.
(**1036**-2) Von D. H. Alke, 88 S., 22 s/w-Abb., mit Audiokassette, kartoniert. ●●●

Natürliche Behandlungsmethoden bei
Rückenschmerzen
Massage · Gymnastik · Entspannung
(**4447**-X) Von Prof. Dr. med. H. Hess, K. Eder, H.-J. Montag, K. Schutt, 152 S., 168 Farbabbildungen, Pappband. ●●●

TELE-Rückenschule
Wohlbefinden durch bewußte Körpererfahrung
(**1310**-8) Von K. Haak, 64 S., 19 Farb-, 24 s/w-Fotos, 24 Zeichnungen, 2 Ausklapptafeln, mit Audiokassette, kartoniert. ●●●●

TELE-Rückenschule
Wohlbefinden durch bewußte Körpererfahrung
Videokassette (**6108**-0) VHS, ca. 60 Min., in Farbe, mit Broschüre. ●●●●*

Rheuma behandeln und lindern
Mit einem Vorwort von Dr. med. Max-Otto Bruker.
(**0836**-8) Von G. Leibold, 96 Seiten, kartoniert. ●

Besser sehen durch Augentraining
Ein Gesundheitsprogramm zur Verbesserung des Sehvermögens.
(**0914**-3) Von K. Schutt, B. Rumpler, 96 S., 32 s/w-Zeichnungen, kartoniert. ●●

So arbeitet das
Immunsystem
(**1253**-5) Von V. Friebel, I. Ledvina, A. Roßmeier, 192 Seiten, durchgehend zweifarbig, kartoniert. ●●●

Allergien behandeln und lindern
Mit einem Vorwort von Prof. Dr. med. Axel Stemmann.
(**0840**-6) Von G. Leibold, 96 Seiten, 4 Zeichnungen, kartoniert. ●

Enzyme
Vitalstoffe für die Gesundheit
(**0677**-2) Von G. Leibold, 96 S., kartoniert. ●

Besser leben durch Fasten
(**0841**-4) Von G. Leibold, 96 S., kartoniert. ●

Massagetechniken und Heilanzeigen
Reflexzonentherapie
(**4404**-6) Von G. Leibold, 128 Seiten, 53 Farbzeichnungen, Pappband. ●●●

Akupressur zur Eigenbehandlung
(**0417**-6) Von G. Leibold, 112 S., 78 Abb., kartoniert.●

Shiatsu-Massage
Harmonisierung der Energieströme im Körper
(**0615**-2) Von G. Leibold, 196 S., 180 Abb., kartoniert. ●●●

Fußsohlenmassage
Heilanzeigen · Technik · Selbsthilfe
(**0714**-0) Von G. Leibold, 96 S., 38 Zeichnungen, kartoniert. ●

Entspannung und Schmerzlinderung durch
Massage
(**0750**-7) Von B. Rumpler, K. Schutt, 112 S., 116 zweifarbige Zeichnungen, kartoniert. ●

Gesundheit und Entspannung durch
Massage
(**1317**-5) Von K. Schutt, 168 S., 126 Farbfotos., 61 Farbzeichnungen, kartoniert. ●●●

Gesundheit für Körper und Seele
Entspannung
(**1471**-6) Von K. Schutt, ca. 80 Seiten, durchgehend zweifarbig, kartoniert, Audiokassette ca. 60 Minuten Laufzeit. ●●●●

Entspannung
(**0834**-1) Von Dr. Med. Chr. Schenk, 88 S., 29 Zeichnungen, kartoniert. ●

Autogenes Training
Ein Programm zur Streßbewältigung
(**1278**-0) Von Dr. P. Kruse, B. Pavlekovic, K. Haak, 112 S., durchgehend zweifarbig, kartoniert. ●●●

Erfolg und Lebensfreude durch
Autogenes Training und Psychokybernetik
(**1035**-4) Von D. H. Alke, 80 Seiten, 2 s/w-Zeichnungen, mit Audiokassette, kartoniert. ●●●

Chinesisches Schattenboxen
Tai-Ji-Quan
für geistige und körperliche Harmonie
(**0850**-3) Von F.T. Lie, 120 S., 221 s/w-Fotos, 9 s/w-Zeichnungen, Beilage: 1 s/w-Poster mit zahlreichen Abbildungen, kartoniert. ●●

AOK-Bibliothek
Qi-Gong im Alltag
Chinesische Atem- und Bewegungsübungen
(**1316**-7) Von L. U. Schoefer, ca. 80 Seiten, durchgehend vierfarbig, zahlreiche Fotos, kartoniert. ●●

AOK-Bibliothek
Qi-Gong im Alltag
Chinesische Atem- und Bewegungsübungen
(**1427**-9) Von L. U. Schoefer, ca. 80 Seiten, durchgehend vierfarbig, zahlreiche Fotos, kartoniert, mit Audiokassette. ●●●●

AOK-Videothek
Qi-Gong im Alltag
Chinesische Atem- und Bewegungsübungen
(**6179**-X) Von L. U. Schoefer, ca. 60 Minuten Laufzeit. ●●●●

Yoga für jeden
(**1277**-2) Von K. Zebroff, 144 Seiten, Spiralbindung, durchgehend vierfarbig, kartoniert. ●●●

Yoga
Weg zur Harmonie
(**4417**-8) Von A. Harf, W. von Rohr, 176 S., 171 Farbf., 12 s/w-Zeichn., Pappband. ●●●●

Yoga gegen Haltungsschäden und Rückenschmerzen
(**0394**-3) Von A. Raab, 104 S., 215 Abb., kart. ●

AOK-Bibliothek
Radwandern
für die Gesundheit
(**1369**-8) Von S. Kälberer, J.–U. Knoll, 128 S., 126 Farbfotos, kartoniert. ●●●

AOK-Bilbliothek
Osteoporose
Vorbeugen · Diagnose · Behandlung
(**1371**-X) Von A. Baumgarten, 96 S., 74 Farbfotos, 17 Farbzeichn., kartoniert. ●●●

AOK-Bibliothek
Erkältungskrankheiten
Vorbeugung und Behandlung
(**1372**-8) Von G. Leibold, 112 S., 74 Farbfotos, 7 Farbzeichn., kartoniert. ●●●

AOK-Bibliothek
Krankenpflege zu Hause
Anleitungen, Tips und Informationen
(**1373**-6) Von S. Hof, 104 S., 68 Farbfotos, 32 Farbzeichn., kartoniert. ●●●

PfundsKur Kochbuch
(**4726**-6) Von F. Metzler, 112 S., 81 Farbfotos, Pappband. ●●●

Fit ohne Fett
Die neue PfundsKur
(**1370**-1) Von Prof. Dr. V. Pudel, 128 Seiten, kartoniert. ●

Die aktuelle
Ballaststofftabelle
(**1288**-8) Von Dr. H. Oberritter, 80 Seiten, kartoniert. ●

Neue Rezepte für **Diabetiker-Diät**
Vollwertig · abwechslungsreich · kalorienarm
(**0418**-4) Von M. Oehlrich, 96 S., 8 Farbtafeln, kartoniert. ●

Diät bei Herzkrankheiten und Bluthochdruck
Rezeptteil von B. Zöllner
(**3202**-1) Von Prof. Dr. med. H. Rottka, 92 S., 4 Farbtafeln, kartoniert. ●●

Diät bei Erkrankungen der Nieren, Harnwege und bei Dialysebehandlung
Rezeptteil von B. Zöllner.
(**3203**-X) Von Prof. Dr. med. Dr. h. c. H. J. Sarre und Prof. Dr. med. R. Kluthe, 96 S., 33 Farbfotos, 1 s/w-Zeichnung, kartoniert. ●●

Diät bei Gicht und Harnsäuresteinen
Rezeptteil von B. Zöllner.
(**3205**-6) Von Prof. Dr. med. N. Zöllner, 112 S., 35 Farbtafeln, kartoniert. ●●

Diät bei Zuckerkrankheit
Rezeptteil von B. Zöllner (**3206**-4) Von Prof. Dr. med. P. Dieterle, 112 S., 42 Farbfotos, 4 vierfarbige Vignetten, 1 s/w-Zeichnung, kartoniert. ●●

Diät bei erhöhtem Cholesterinspiegel und anderen Fettstoffwechselstörungen
Rezeptteil von B. Zöllner.
(**3208**-0) Von Prof. Dr. med. G. Wolfram, 102 S., 32 Farbfotos, kartoniert. ●●

Ballaststoffreiche Kost bei Funktionsstörungen des Darms
Rezeptteil von B. Zöllner.
(**3212**-9) Von Prof. Dr. med. H. Kasper, 96 Seiten, 34 Farbfotos, 1 s/w-Foto, kartoniert. ●●

Diät bei Krankheiten des Magens und Zwölffingerdarms
Rezeptteil von B. Zöllner
(**3201**-3) Von Prof. Dr. med. H. Kaess, 96 Seiten, 35 Farbfotos, 1 s/w-Zeichnung, kartoniert. ●●

Diät bei Krankheiten der Gallenblase, Leber und Bauchspeicheldrüse
Rezeptteil von B. Zöllner.
(**3207**-2) Von Prof. Dr. med. H. Kasper, 88 Seiten, 35 Farbfotos, 1 s/w-Zeichnung, , kartoniert. ●●

Video

Hobby Aquarellmalen
Landschaft und Stilleben
(**6022**-X) VHS, 40 Min., in Farbe, mit Begleitheft. ●●●●*

Hobby Ölmalerei
Landschaft und Stilleben
(**6025**-4) VHS, 40 Min., in Farbe, mit Begleitheft. ●●●●*

Seidenmalerei
leicht gemacht
(**6173**-0) VHS, ca. 30 Min., in Farbe ●●●●*

Basteln mit Kindern
(**6041**-6) VHS, 60 Min., in Farbe, mit Vorlagen in Originalgröße, mit Begleitheft. ●●●*

Die Modelleisenbahn
Anlagenbau in Modultechnik
(**6028**-9) VHS, 30 Min., in Farbe. ●●●●*

Golf
(**6053**-X) VHS, 60 Min., in Farbe, mit Begleitheft. ●●●●●*

Reiten
(**6097**-1) VHS, ca. 60 Min., in Farbe, mit Begleitbroschüre. ●●●●*

Karate
Einführung und Grundtechniken
(**6037**-8) VHS, ca. 45 Min., in Farbe, mit Begleitbroschüre. ●●●●*

Skigymnastik perfekt
(**6052**-1) VHS, ca. 60 Min., in Farbe, mit Begleitbroschüre. ●●●●●*

Snowboarding
(**6139**-0) VHS, ca. 45 Min., in Farbe, mit Broschüre.●●●●*

Pflanzenjournal
Blumen- und Pflanzenpflege im Jahreslauf
(**6036**-X) VHS, 30 Minuten, mit Begleitheft. ●●●●*

Schnitt und Pflege
von Bäumen und Sträuchern
(**6050**-5) VHS, 45 Minuten, in Farbe, mit Begleitheft. ●●●●*

Erfolgreiche Streßbewältigung
Autogenes Training
Video 1: Einführung und Kurs
Video 2: Übungen
(**6132**-3) VHS, jeweils ca. 60 Minuten, in Farbe. ●●●●●*

Aktfotografie
Gestaltung/Technik/Spezialeffekte
Interpretationen zu einem unerschöpflichen Thema
(**6001**-7) VHS, 60 Min., in Farbe, mit Begleitheft. ●●●●●*

Videografieren perfekt
Profitricks für Aufnahmetechnik und Nachbearbeitung
(**6042**-4) VHS, (**6044**-4) Video 8, 60 Min., in Farbe, mit Begleitheft. ●●●●●*

Besser Videofilmen
(**6172**-2) VHS, ca. 60 Minuten, in Farbe. ●●●●●*

Top-Form Gymnastik
Ein Bewegungsprogramm für pfundige Leute
(**6144**-7) VHS, ca. 30 Minuten, in Farbe. ●●●●*

Fitt ohne Fett
PfundsKur Video
(**6142**-0) VHS, ca. 40 Min., in Farbe.●●●●*

Streicheleinheiten für Körper und Seele
Partnermassage
(**6051**-3) VHS, 45 Min., in Farbe, mit Begleitheft. ●●●●●*

Tele Partner Massage
Zärtliche Entspannung zu zweit
(**6131**-5) VHS, ca. 60 Minuten, in Farbe. ●●●●*

Sinnliche Stunden
(**6099**-8) VHS, ca. 60 Min., in Farbe, mit Begleitbroschüre. ●●●●●*

Nie wieder rauchen
(**6100**-5) VHS, ca. 45 Min., in Farbe, mit Begleitbroschüre. ●●●●*

New York
(**6151**-X) VHS, ca. 60 Min., in Farbe. ●●●●*

Kalifornien
(**6152**-8) VHS, ca. 60 Min., in Farbe. ●●●●*

USA Südwest
(**6153**-6) VHS, ca. 60 Min., in Farbe. ●●●●*

Florida
(**6154**-4) VHS, ca. 60 Min., in Farbe. ●●●●*

Hawaii
(**6164**-1) VHS, ca. 60 Min., in Farbe. ●●●●*

Irland
(**6167**-6) VHS, ca. 60 Min., in Farbe. ●●●●*

Norwegen
(**6161**-7) VHS, ca. 60 Min., in Farbe. ●●●●*

Kanarische Inseln
(**6162**-5) VHS, ca. 60 Min., in Farbe. ●●●●*

Mallorca
(**6143**-9) VHS, ca. 60 Min., in Farbe. ●●●●*

Toscana
(**6148**-X) VHS, ca. 60 Min., in Farbe. ●●●●*

Rom
(**6145**-5) VHS, ca. 60 Min., in Farbe. ●●●●*

Venedig
(**6146**-3) VHS, ca. 60 Min., in Farbe. ●●●●*

Florenz
(**6147**-1) VHS, ca. 60 Min., in Farbe. ●●●●*

Paris
(**6157**-9) VHS, ca. 60 Min., in Farbe. ●●●●*

Wien
(**6158**-7) VHS, ca. 60 Min., in Farbe. ●●●●*

London
(**6159**-5) VHS, ca. 60 Min., in Farbe. ●●●●*

Prag
(**6165**-X) VHS, ca. 60 Min., in Farbe. ●●●●*

Griechische Inseln
(**6166**-8) VHS, ca. 60 Min., in Farbe. ●●●●*

Kuba
(**6150**-1) VHS, ca. 60 Min., in Farbe. ●●●●*

Dominikanische Republik
(**6163**-3) VHS, ca. 60 Min., in Farbe. ●●●●*

Malediven
(**6156**-0) VHS, ca. 60 Min., in Farbe. ●●●●*

Bali
(**6149**-8) VHS, ca. 60 Min., in Farbe. ●●●●*

Thailand
(**6155**-2) VHS, ca. 60 Min., in Farbe. ●●●●*

Hongkong
(**6160**-9) VHS, ca. 60 Min., in Farbe. ●●●●*

Berlin
(**6177**-3) Laufzeit ca. 60 Minuten. ●●●●*

Tunesien
(**6174**-9) Laufzeit ca. 60 Minuten. ●●●●*

Kanada
(**6178**-1) Laufzeit ca. 60 Minuten. ●●●●*

Bestellschein

Erfüllungsort und Gerichtsstand für Vollkaufleute ist der jeweilige Sitz der Lieferfirma. Für alle übrigen Kunden gilt dieser Gerichtsstand für das Mahnverfahren. Falls durch besondere Umstände Preisänderungen notwendig werden, erfolgt Auftragserledigung zu dem bei der Lieferung gültigen Preis.

Ich bestelle hiermit aus dem Falken-Verlag GmbH, Postfach 1120, D-65521 Niedernhausen/Ts., durch die Buchhandlung:

Ex.

Ex.

Ex.

Ex.

Name:

Datum:

Straße:

Ort:

Unterschrift:

Die hier vorgestellten Bücher, Videokassetten und Software sind in folgende Preisgruppen unterteilt:

● Preisgruppe bis DM 10,–/S 79,–/SFr 11,–
●● Preisgruppe über DM 10,– bis DM 20,–, S 80,– bis S 160,–, SFr 10,– bis SFr 21,–
●●● Preisgruppe über DM 20,– bis DM 30,–, S 161,– bis S 240,–, SFr 21,– bis SFr 30,–
●●●● Preisgruppe über DM 30,– bis DM 50,–, S 241,– bis S 400,–, SFr 30,– bis SFr 50,–
●●●●● Preisgruppe über DM 50,–/S 401,–/SFr 50,–
* (unverbindliche Preisempfehlung)

Die Preise entsprechen dem Status beim Druck dieses Verzeichnisses (s. Seite 1) – Änderungen, im besonderen der Preise, vorbehalten –